TABLETTES CHRONOLOGIQUES

DE

LA VIE DE

NAPOLÉON

INDIQUANT AVEC LA PLUS GRANDE EXACTITUDE LES DATES DE TOUTES
LES BATAILLES ET DE TOUS LES COMBATS GAGNÉS OU PERDUS PAR
LES FRANÇAIS SOUS LE GRAND CAPITAINE, AINSI QUE DES DIVERS
TRAITÉS ET ARMISTICES CONCLUS PAR LUI AVEC LES PUIS-
SANCES ÉTRANGÈRES, SUIVIES D'UNE NOTICE HISTORIQUE
SUR LES MEMBRES DE LA FAMILLE IMPÉRIALE.

Dédié au Peuple français.

A PARIS

CHEZ L'ÉDITEUR, RUE NOTRE-DAME-DE-LORETTE, 29

ET CHEZ TOUS LES LIBRAIRES.

1841

TABLETTES CHRONOLOGIQUES.

IMPRIMERIE PORTHMANN,
Rue du Hasard-Richelieu, 6.

TABLETTES CHRONOLOGIQUES

DE

LA VIE DE

NAPOLÉON

INDIQUANT AVEC LA PLUS GRANDE EXACTITUDE LES DATES DE TOUTES LES BATAILLES ET DE TOUS LES COMBATS GAGNÉS OU PERDUS PAR LES FRANÇAIS SOUS LE GRAND CAPITAINE, AINSI QUE DES DIVERS TRAITÉS ET ARMISTICES CONCLUS PAR LUI AVEC LES PUISSANCES ÉTRANGÈRES, SUIVIES D'UNE NOTICE HISTORIQUE SUR LES MEMBRES DE LA FAMILLE IMPÉRIALE.

———

Dédié au Peuple français.

A PARIS

CHEZ L'ÉDITEUR, RUE NOTRE-DAME-DE-LORETTE, 23

ET CHEZ TOUS LES LIBRAIRES.

1841

PRÉFACE.

Aujourd'hui que les cendres de l'Exilé vont trouver un asile au milieu d'un peuple ami ; — aujourd'hui que le dernier vœu d'un mourant apporté de par les mers à sa patrie est exaucé ; — aujourd'hui que justice est faite, et que la reconnaissance d'une nation va rendre le repos à l'âme de son plus grand génie ; nous pensons qu'il est bien, qu'il est digne, de publier ce livre.

Ce n'est point une épopée, ce n'est point un drame ; — c'est le récit de faits que tous ont vus, et que tous ont jugés. — Il ne nous appartient pas d'essayer d'excuser aux yeux du monde les défauts d'un homme d'autant mieux connus, qu'il était plus célèbre ; il ne nous appartient pas non plus de faire l'apologie d'un héros devant lequel tout style resterait froid. — Non ! — Ce livre est un miroir où les faits, les seuls faits dépouillés de l'entourage menteur des partis viendront se réfléchir par une date et par un nom. — Ce livre est un souvenir complet mais abstrait; — c'est la table de la vie de Bonaparte.

Voici le livre; — cherchez-y?

Napoléon a passé sur le monde comme un brillant météore venu du chaos pour s'éteindre dans le néant. Dans sa parabole de feu, il a semé sur la terre des milliers d'étoiles émanées de sa couronne; — Ce sont ces étoiles que nous avons recueillies l'une après l'autre sur la route du conquérant, et que nous vous donnons ici, dans leur ordre et dans leur nudité!

Tout, sur la terre, nous disons sur toute la terre, est plein de son souvenir! — Ceux qui l'ont vu l'admirent, — et il en est bien peu qui l'aient admiré sans l'aimer. Les historiens sont restés muets devant lui! La critique hargneuse s'est tue! — Et il a fallu que la plume d'un grand homme (1) salit ses barbes poétiques, pour le laisser, lui, victime vengée, encore plus grand !

Debout sur son rocher, il étonnait toujours le monde, et son terrible souvenir apporté dans l'espace par les vagues de l'Océan, effrayait les rois sur leurs trônes mal assis.

Les Turcs le nomment comme ils nomment Mahomet — et, encore aujourd'hui, parmi eux, c'est un sujet de considération que de l'avoir connu!

Je ne parle pas de nos voisins du continent qui le connaissent trop! — ni des Anglais qui l'ont assassiné. . . . . . Je me trompe! ce ne sont pas des hommes qui

____

(1) Les lettres de Paul de sir Walter-Scott.

l'ont traîné à la tombe de Sainte-Hélène, il a fallu une force plus puissante que la leur !

Ce qui régit le monde, ce qui gouverne les peuples et les individus en particulier l'a tué. — L'or D'Albion a enchaîné le Corse aux bras d'airain !

L'Amérique qui ne l'a pas connu, le nomme comme s'il avait été compagnon d'armes de Washington.

Et il n'est pas jusqu'aux peuples ignorés de la Polynésie, jusqu'à ces peuples que nos navires ne visitent qu'à de rares intervalles, qui n'en parlent et ne l'honorent !

Quelques-uns l'ont mis au rang de Dieu ! — Ce qui est un blasphème, — mais il faut pardonner à l'admiration, et, par ces temps-ci, nous avons si peu de sujets dignes d'admiration !

Parcourez le globe ; visitez la case de l'Indien catholique ; ses meubles sont grossiers, nuls même ; deux feuilles pendues à son mur enfumé ornent seuls sa triste demeure. — l'une de ces feuilles est l'image du Christ, — l'autre, — celle de Napoléon !

Vous le voyez, toujours le même ; sa petite redingote grise, son petit chapeau qui domine l'étoile de son regard. — Le voici au fond de l'Inde ; maintenant venez en France, fouillez la grande ville et le plus humble village, soulevez le chaume de la hutte du pêcheur, écartez les tristes pierres du tombeau. Napoléon, toujours Napoléon !

Tous nos poètes l'ont chanté ! — et ceux même qui

ne l'aimaient pas ont célébré sa grandeur. Et cela est si vrai, qu'il semble qu'un homme ne peut avoir rien fait de grand ni de beau si son image ne domine pas l'une de ses œuvres. — On l'a moulé en bronze, sculpté partout ! — On l'a peint dans toutes les circonstances de sa vie ! — Il faudrait un temple pour contenir les écrits des auteurs qui ont parlé de lui !

La France, fatiguée d'avilissement, épuisée d'esclavage, avait secoué ses vastes membres, et, dans sa liberté conquise, elle avait étouffé ses oppresseurs, — puis, comme une lionne en démence, elle avait abusé de ses forces trop longtemps endormies. — Querelleuse et fière, elle insultait les nations ses sœurs, et les blessait de ses griffes d'acier ; — Alors vint un homme de faible structure mais de grande conception, chez lequel le moral avait étouffé le physique de sa réflexion agissante ! — Cet homme vit ce que la lionne pouvait faire, il se sentit plus fort qu'elle, car il avait le génie pour lui, il dompta la lionne et lui fit parcourir le monde.

Les peuples étaient tournés les uns contre les autres pour la dispute de deux grands principes : — L'esclavage et la liberté !

Comme dans les tourmentes révolutionnaires, le carnage dura longtemps et les victimes furent si nombreuses qu'on ne les compta bientôt plus ! — Un homme présidait ce combat où le monde était en jeu, — puis, sa mission remplie, — les peuples satisfaits, — son principe établi, il alla se livrer comme le Christ à ses ennemis, et sa tête porta la couronne d'épines, et il traîna la lourde croix de l'exil au-delà des mers pour se voir crucifier sur un rocher !

C'est la vie de cet homme que nous vous donnons ici ! — Nous l'avons pris au berceau, nous ne le quittons qu'à la tombe, et l'intervalle est bien rempli !

Ce livre est dédié à tous, car il a été écrit pour tous, — pour ceux qui l'ont connu, — pour ceux qui l'ont suivi à son dernier asile, et qui vont nous le ramener ! — Les pères, le livre en main, verront leur mémoire secourue, et diront à leurs enfants le fait dont ils ont été témoin, et que cette table leur rappellera ; — les enfants le connaîtront et sauront l'apprécier !

Il y a dans la vie de cet homme, un grand fait et une grande leçon.

Le fait, c'est qu'il nous a donné la mesure de tout ce que le génie créateur peut inventer et exécuter.

La leçon, c'est sa vie elle-même : — on peut s'acharner au mérite, le tuer même, — mais l'oublier ? — Jamais !

ERNEST FEYDEAU.

Octobre 1840.

NAPOLÉON.

NAPOLÉON, né à Ajaccio (île de Corse) le 15 août 1769. — Entré en 1777 à l'école militaire de Brienne. — Choisi au concours de 1783 pour l'école militaire de Paris. — Sorti le 1er septembre 1785 de l'école militaire pour entrer en qualité de lieutenant au 4e régiment d'artillerie. — Capitaine le 6 février 1792. — Commandant l'artillerie au siége de Toulon en décembre 1793. — Général de brigade le 6 février 1794. — Général en second de l'armée de l'intérieur le 10 octobre 1795. — Marié à Joséphine de Beauharnais le 9 mars 1796. — Général en chef de l'armée d'Italie le 20 février 1796. — Parti de Paris le 21 mars 1796 pour aller prendre le commandement en chef de l'armée d'Italie.

Campagne d'Italie.

1796.

5 *avril*. Reconnaissance militaire vers Cairo.

9 *et* 10. Affaires de Voltri et de Montélésimo.

11. Bataille de Montenotte, gagnée sur les Autrichiens, commandés par le général Beaulieu.

14. Bataille de Millésimo, gagnée sur les Austro-Sardes, commandés par le général Provéra.

16. Combats de Dégo et de Saint-Jean ; Dégo et Montézémo occupés par les Français.

22. Combat et prise de la ville de Mondovi.

28. Suspension d'armes avec le roi de Sardaigne, qui remet aux Français Coni, Alexandrie, Ceva et Tortone.

8 *mai*. Passage du Pô à Plaisance : prise de Fombio et de Casal.

10. Bataille de Lodi : célèbre passage du pont défendu par l'armée autrichienne entière.

11. Prise de Pizzighitone et de Crémone.

11. Occupation de Milan, Pavie et Côme, et prise de magasins immenses.

26. Révolte de Pavie, apaisée le même jour.

30. Combat de Borghetto : passage du Mincio, prise de Valeggio.

1er *juin*. Prise de la forteresse de Peschiera. — Victoire de Kléber sur la Sieg.

3. Entrée des Français dans Vérone.

4. Enlèvement à la baïonnette du faubourg Saint-Georges et de la tête du pont de Mantoue. — Bataille d'Altenkirchen. Prise du faubourg de Chériale, de ses retranchements et de la tour.

19. Entrée dans Reggio, Modène et Bologne. Le cardinal légat est fait prisonnier. Reddition du fort Urbin. Occupation de Ferrare et de son château.

23. Armistice conclu avec SS. Pie VII, qui s'engage à payer 21 millions et à livrer cent tableaux, vases ou statues, au choix des commissaires français.

24. Prise du fort de Kehl par Desaix.

27. Entrée des Français dans Livourne.

28. Occupation de la citadelle d'Ancône.

29. Capitulation du château de Milan.

3 *juillet*. Combats de Borghetto, de la Bochetta di Campion, et prise de la position de Bélone dans les gorges du Tyrol.

6. Soumission de Lugo dans la légation de Ferrare.

18. Attaque du camp retranché des Autrichiens sous Mantoue et ouverture de la tranchée à 50 toises des ouvrages avancés.

29. Les postes de la Corona et de Salo, et la ville de Brescia sont surpris par les Autrichiens.

30 *et* 31. Ils sont repris par suite des combats qui se livrent pendant huit jours à Lonado, à Rovarbella, à Salo, à Brescia, à Montechiaro, à Bozolo, à Ponte-San-Marco, à Castiglione, à Desenzano, à Gavardo, à Saint-Ozeto, à la Chiesa, dont le résultat est la déroute de l'armée de Wurmser, avec perte de 6,000 hommes tués ou blessés, 12,000 prisonniers, 70 canons de campagne, tous les caissons d'infanterie et 5 drapeaux.

5 *août*. Bataille de Castiglione.

6. Combat entre Peschiera et Mantoue, levée du siége de Peschiera.

7. Passage du Mincio, les portes de Vérone enfoncées à coups de canon.

10. Reprise des positions devant Mantoue.

11. Combats de la Corona et de Montebaldo, prise de ces deux postes et de Preabolo.

18. Alliance offensive et défensive entre la France et l'Espagne.

19. Combat de Trente, retraite du général Wurmser après
    avoir brûlé sa marine sur la Garda.
24. Prise de Borgo-Forte et de Governolo.
2 *septembre*. Passage de l'Adige au pont de Colo.
3. Combat de Séravalle et prise du village.
4. Les défilés de Santo-Marco et le camp retranché de Mori
    sont forcés. Bataille de Roverodo.
5. Prise de Tarente, pont et village de Lavis forcés.
7. Attaque et prise du camp retranché de Primolano et du
    fort de Covelo.
8. Combat de la Brenta et bataille de Bassano, l'ennemi
    poursuivi jusqu'à Citadella.
9. Entrée des Français dans Padoue et Vicence.
10. Passage de l'Adige à Ronco.
11. Combats de Cerea et de Castellaro.
13. Prise de Porto-Legnago.
15. Bataille de Saint-Georges, l'ennemi est contraint de se
    sauver dans Mantoue.
21. Mort du général Marceau par suite de blessures reçues à
    Altenkirchen.
25. Combat de Governolo.
29. Blocus de la citadelle de Mantoue après l'occupation des
    portes de Pradella et Cérèse.
2 *novembre*. Attaques des postes ennemis dans le Trentin et
    prise de Saint-Michel.
5. L'ennemi forcé, après un combat meurtrier, de repasser
    la Brenta.
11 *et* 12. Combat de Caldiero.
15, 16, 17. Bataille d'Arcole, mémorable par le trait d'in-
    trépidité du général en chef Bonaparte et du général Au-
    gereau, qui fraient le chemin de la victoire en plantant
    un drapeau à l'extrémité du pont.
21. Combats de Campara, Rivoli, Corona et Dolce.
25 *décembre*. Occupation de la ville et de la citadelle de Ber-
    game.
28. L'armée française occupe la ligne de Montebaldo, Corona
    et Rivoli.

1797.

12 *janvier*. Combats de Saint-Michel et de Montebaldo.
14. Bataille de Rivoli.
15. Prise de Santo-Marco et combats d'Anghiari et de Saint-
    Georges.
16. Bataille de la Favorite; l'armée, en cinq jours, gagne
    deux batailles rangées et six combats; fait près de 25

mille prisonniers, dont un lieutenant-général, 2 généraux, 15 colonels, etc., prend 20 drapeaux, 60 pièces de canon et tue ou blesse 6 mille hommes.

26. Combat de Capenodolo.

28. Entrée des Français dans Torbole, Roverodo.

30. Prise de Trente par Joubert.

1 *et* 2 *février*. Rupture de l'armistice avec la cour de Rome et occupation des villes d'Imola, Faenza et Forli, et combat de Senio.

2. Combat de Lavis. — Capitulation de Mantoue, dont la garnison est prisonnière de guerre; on y trouve 538 bouches à feu, 17,115 fusils, 4,484 pistolets, 14,562 bombes, 187,529 boulets, 529,000 livres de poudre, 1,401,379 gargousses et cartouches de tout calibre, 36,100 liv. de fer, 521,400 liv. de plomb, 184 caissons.

6. Prise de Derunbano.

9. Conquête de la Romagne, du duché d'Urbin et de la Marche d'Ancône.

10. Prise de Notre-Dame-de-Lorette.

18. Occupation de l'Umbrie, du pays de Perugia et de la province de Canorino.

19. Traité de paix de Tolentino, qui remet Ancône à la disposition des Français jusqu'à la paix.

22. Combat de Lovadina.

10 *mars.* Occupation de Feltre et d'Asolo, l'ennemi évacue la ligne de Cordevole.

11. Combat de la Piave.

15. Passage de la Piave à Vedor et à Ospedaletto. — L'ennemi évacue le camp de Campana. Combats de Longura, de Sacile et de Cadou.

16. Passage et bataille du Tagliamento. Déroute de l'armée autrichienne commandée par le prince Charles.

18. Prise de Palma-Nova, de Saint-Daniel, d'Osopo et de Gemona.

19. Passage de l'Isonzo et prise de Gradisca. — Combat de Casasola; les grenadiers forcent le pont, culbutent l'ennemi et le poursuivent jusqu'à la Pontieba.

21. Prise de Goritz et de Camiza. Combat de Caminio.

22. Combats de Pufero et des gorges de Caporetto, du Lavis, du Tramin et de Clausen.

24. Entrée dans Trieste, qui ajoute le Frioul autrichien à la conquête de l'Italie.

25. Attaques des gorges du Tyrol. Combats de Tarvis, de Trévise et de la Chiuse. 30 pièces de canon, 400 chariots, 5,000 hommes et 4 généraux faits prisonniers.

28. Combats de Bruck dans la gorge d'Inspruck.

29. Le combat et la prise de Klagenfurth et l'occupation de Lambach achèvent la soumission de la Carniole, de la Carinthie, du district de Trieste et du Tyrol.

1er *avril.* Combat des gorges de Neumark, prise de cette ville et de Freisach ; prise de Laybach.

3 Combat de Kumdemarch et prise de Kintenfeld, Murau, Jundenburg et Schefling.

4. L'armée poursuit, sur la route de Vienne, la colonne du prince Charles et celle qui évacue le Tyrol.

7. Suspension d'armes entre l'armée d'Italie et S. A. R. le prince Charles, commandant en chef l'armée autrichienne.

8. La ville de Gratz est occupée par les Français.

9. Sommation au doge de Venise de déclarer s'il veut la guerre ou la paix avec la France.

18. Signature des préliminaires de paix à Léoben.

16 *mai.* Entrée des Français dans Venise.

18 *septembre.* Deuxième combat de Governolo.

19. Mort du général Hoche.

17 *octobre.* Traité de Campo-Formio.

15 *novembre.* Napoléon Bonaparte quitte le commandement en chef de l'armée d'Italie et se rend à Rastadt.

26. Arrivée de Bonaparte à Rastadt pour l'ouverture du congrès.

5 *décembre.* Arrivée de Bonaparte à Paris.

28. Insurrection à Rome. — Assassinat du général Duphot. Retraite de l'ambassadeur de France Joseph Bonaparte.

Campagnes d'Égypte et de Syrie.

1798.

9 *mai.* Arrivée du général en chef Bonaparte à Toulon.

19. Départ de l'armée navale composée de 15 vaisseaux de ligne, de 90 autres bâtiments de guerre, frégates, cutters, chaloupes canonnières, etc., et d'environ 300 bâtiments de transport.

12 *juin.* Prise de Malte, dont le commandement est laissé au général Vaubois.

1er *juillet.* Débarquement de l'armée française à Aboukir. — Arrivée à Alexandrie de la flotte et du convoi.

2 *et* 5. Prise de cette ville et des deux ports.

7. Rosette se rend aux Français.

8. Entrée à Demenhour : défaite des Mamelouks.

10. Combat et prise de Rahmanie.

15. Bataille de Chebreisse.

21. Bataille des Pyramides, gagnée sur Mourad-bey ; prise du

camp et du village d'Embabé, avec les canons, les chameaux et tous les bagages.

22. La ville du Caire est remise au pouvoir des Français.

1er *août*. Combat naval d'Aboukir. Mort de l'amiral Brueys.

5. Combat et prise du village d'Elhanka.

11. Combat de Saléhiéh, déroute complète d'Ibrahim-bey; il est chassé d'Égypte.

15. Combat et prise de Rémérié.

4 *septembre*. Déclaration de guerre faite par la Turquie à la France.

6. Combat de Behnèse. — Complot à Malte tendant à assassiner tous les Français.

8. Défaite du général Humbert à Ballinamack.

17. Combat de Gémélé, défaite des Arabes.

28. Combat de Mit-Kamar contre les Arabes.

7 *octobre*. Affaire de Ménékia.

8. Bataille de Sédiman : trois beys et beaucoup de Kiachefs et de Mamelouks restent sur le champ de bataille.

9. Combat de Faioüm.

21. Révolte du Caire, apaisée après l'incendie du quartier des rebelles et de la grande mosquée.

7 *décembre*. Suez se rend aux Français.

17. Affaire de Fléchen et prise du village.

1799.

1er *janvier*. Combat de Quathiez.

3. Combat de Souâgui.

6. Combat de Samamouth.

8. Affaire de Tahta.

30 Combat de Bernicouef.

1er *février*. Prise de la ville de Sienne.

9. Affaire El-A'rych et prise du village.—Combat de Kène; défaite d'Osman-bey.

17. Combat d'Aboumana.

18. Reddition du fort d'El-A'rych.

24. Prise de Gazah et d'une grande quantité de munitions de guerre.

3 *mars*. Combat de Souhama.

6. Prise de Jaffa, la garnison passée au fil de l'épée.

7. Prise de Cathieh.

9. Combat et assaut de Cophtos et de la maison fortifiée de Benout.

12. Déclaration de guerre à l'Autriche.

14. Combat de Bordeyn.

15. Affaire de Korsoüm.

16. Prise de Caïffa.
17. Siége de Saint-Jean-d'Acre.
24. Combat de Loubi.
31. Prise de Saffet, l'ancienne Béthulie.
2 *avril.* Affaire de Byr-el-Baar. Osman et Hassan y sont blessés.
 3. Prise de Tyr.
5 *et* 6. Combats de Bardis et de Girgé.
 8. Combat de Nazareth.
10. Combat de Géhémi contre les Arabes d'Yamb'o.
11. Combat de Sedjarra ou Kana ; le camp est emporté ; l'ennemi se retire en désordre vers le Jourdain.
12. Combat de Saffet.
14. Attaque et prise du village de Fouli.
15 *et* 16. Bataille de Mont-Thabor ; le résultat de cette célèbre bataille est la défaite de 25,000 hommes de cavalerie et de 10,000 hommes d'infanterie par 4,000 Français ; la prise de tous les magasins de l'ennemi, de son camp, 5,000 hommes tués, et sa fuite en désordre vers Damas.
18. Combat de Bénéadi et prise du village.
19. Affaire du Mont-Carmel.
28. Assassinat des plénipotentiaires français à Rastadt. — Dissolution du congrès de Rastadt.
8 *mai.* Réduction de Demenhour ; la garnison est passée au fil de l'épée, et la ville réduite en cendres.
 9. Combat de Sienne.
16. Combat de Saint-Jean-d'Acre.
19. Combat de la Charkié.
20. Levée du siége de Saint-Jean-d'Acre, après 60 jours de tranchée ouverte.
29. Prise de Cosseir.
16 *juillet.* Prise d'Aboukir par les Turcs.
23. Prise d'Alexandrie par les Russes.
25. Bataille d'Aboukir : 2,000 ennemis restent sur le champ de bataille, 10,000 se précipitent dans la mer. Ils y sont fusillés et mitraillés ; toutes les tentes, tous les bagages, 20 pièces de canons restent au pouvoir des Français.
2 *août.* Reprise d'Aboukir par Bonaparte : le fils du pacha, le Kiaya et 2,000 hommes sont faits prisonniers.
22. Embarquement de Napoléon Bonaparte à Alexandrie pour revenir en France.
28 *septembre.* Traité d'alliance entre la Russie et le Portugal contre la France.
8 *octobre.* Débarquement de Bonaparte à Fréjus.
16. Son arrivée à Paris.
13 *décembre.* Bonaparte est nommé premier consul.

Evénements postérieurs.

1800.

23 *janvier.* Convention d'El-A'rych avec le grand-visir pour l'évacuation de l'Egypte.

11 *février.* Etablissement de la Banque de France.

17. Division de la France en préfectures et arrondissements communaux.

20 *mars.* Défaite des Turcs à la bataille de Matarisch ou d'Héliopolis.

21. Combat de Frichoff.

23. Combat de Coraim.

25 *avril.* Reprise du Caire et des autres places de l'Egypte, cédées en vertu du traité d'El-A'rych.

14 *juin.* Assassinat du général Kléber, auquel succède le général Menou.

5 *septembre.* Capitulation de Malte après deux ans de siége par les Français.

1801.

9 *mars.* Débarquement à Aboukir de 12,000 Anglais sous le commandement du général Abercrombie.

16. Prise d'Aboukir après un bombardement de six jours.

21. Bataille d'Alexandrie. Le général anglais est blessé à mort. Traité de paix entre la France et l'Espagne.

28 *juin.* Convention pour la reddition du Caire.

30 *août.* Capitulation d'Alexandrie, en vertu de laquelle les Français évacuent l'Egypte.

29 *septembre.* Traité de paix conclu avec la France par Jean-Marie-Joseph-Louis, prince régent de Portugal, qui s'engage à fermer aux Anglais les ports et rades de ses états.

PREMIÈRE COALITION.

ITALIE. (Armée de réserve.)

1800.

8 *mars.* Formation de l'armée de réserve à Dijon.

6 *mai.* Départ du premier Consul pour prendre le commandement en chef de l'armée.

8. Son arrivée à Genève.

13. L'avant-garde de l'armée passée en revue à Lausanne.

16. Revue de la cavalerie passée également à Lausanne, et l'armée en pleine marche. L'avant-garde passe le mont Saint-Bernard et s'empare d'Aoste.

18. Attaque et prise de Châtillon ; le château de Bard cerné, après s'être emparé des hauteurs de la montagne d'Albard. Dans les journées des 16, 17, 18, 19, 20 et 21, l'armée entière et l'artillerie passent le Saint-Bernard et triomphent de toutes les difficultés que présentent la neige, les glaces, les torrents et les précipices.

22. Prise de la partie basse du château de Bard et des ponts-levis ; prise de Suze et de la Brunette.

23 et 24. Attaque et prise de la ville et de la citadelle d'Ivrée.

26. Combat de la Chiusella ; l'ennemi chassé de la position de Romano.

27. Prise de Vercelli et de magasins considérables de vivres.

28. Prise de Chivassio, Santhia, Crescentino, Biello, Trino et Masserano ; défaite de la légion de Rohan à Varello.

29. Passage de la Sésia.

30. Entrée à Novarre, et position le long du Tésin.

31. Combat et prise de Turbigo ; passage du Tésin ; Buffalora évacué ; prise de Bellinzona.

1er *juin.* Prise du château de Bard, de Locarno et de Lugano.

2. Entrée dans Milan ; blocus de la citadelle ; reddition de Pavie.

3. Prise de Lodi ; l'ennemi chassé au-delà de l'Adda.

5. Passage de l'Adda et de l'Oglio, et prise de Créma, d'Orsinovi, de Crémone et de Plaisance.

6. Passage du Pô au village de Belgioso ; combat de Saint-Cipriano.

7. Prise de Brescia, de Lecco, de la flottille du lac Majeur et de Bergame.

8. Combat de Plaisance et prise de cette ville et de tous les magasins de l'ennemi. — Combat de Broni et occupation de la célèbre position de Stradella.

9. Affaire de Casteggio et bataille de Montebello. Réunion des états de Gênes à la France.

12. Passage de la Scrivia et combat de Marengo.

14. Bataille de Marengo gagnée sur les Autrichiens, commandés par le général Mélas ; 3,000 ennemis tués, 5,000 blessés, 7,000 prisonniers, 12 drapeaux et 26 canons pris.

15. Armistice et suspension d'hostilités ; remise à l'armée française des villes d'Alexandrie, Tortone, Milan, Turin, Pizzighitone, Arona, Plaisance, Coni, Ceva, Savone, Gênes, et du fort Urbin.

2 *juillet.* Retour du premier consul à Paris.

1er *octobre.* Cession de la Louisiane à la France.

Evénements postérieurs.

1801.

4 janvier. Combat de Saint-Albetos.
5. Combat de Montebello (Brune).
7. Prise de Trente (Macdonald).
11. Prise de Bassano (Moncey).
14. Combat de Saint-Martin.
9 février. Traité de Lunéville.
28 mars. Traité de Florence avec le roi de Naples.
1er octobre. Articles préliminaires de paix signés à Londres.

1802-1803-1804-1805.

26 janvier 1802. Bonaparte est nommé président de la république cisalpine.
5 mars 1802. Bataille de Plaisance.
25. Traité d'Amiens.
19 mai 1802. Création de la Légion-d'Honneur (29 floréal an 10).
2 août 1802. Napoléon, consul à vie.
5 et 6 octobre 1803. Convention entre la France et l'Espagne pour assurer la neutralité pendant la guerre.
21 mars 1804. Mort du duc d'Enghien.
18 mai 1804. Napoléon est proclamé empereur des Français.
1er décembre 1804. Admission de l'hérédité de la dignité impériale dans la famille de Napoléon.
2. Napoléon est Sacré et couronné à Paris par le pape Pie VII.
17 mars 1805. Proclamé roi d'Italie.
26 mai 1805. Couronné à Milan.

DEUXIÈME COALITION.

Autriche et Moravie.

1805.

11 avril. Traité de coalition contre la France entre l'Angleterre, la Russie, la Suède, Naples et la Sardaigne.
8 juin. Eugène est proclamé vice-roi d'Italie.
22 juillet. Combat naval du cap Finistère contre les Anglais.
24 septembre. S. M. l'empereur et roi part de Paris.
25, 26, 27. Passage du Rhin sur tous les points par l'armée entière.

6 *octobre.* Prise du pont de Donawerth.

7. Prise du pont du Lech.

8. Combat de Wertingen ; prise d'une division ennemie.

9. Entrée des Français à Augsbourg. — Passage du Danube à Neubourg. — Combat d'Aicha.

10. Combat de Guntzbourg ; le pont emporté de vive force. — Combat de Saafeld.

11. Affaire de Landsberg.

12. Entrée des Français à Munich.

14. Combat de Haag et Wasserbourg ; prise d'un parc d'artillerie. — Prise de Memmingen et capitulation de la garnison. Combat d'Elchingen.

16. Murat fait 3,000 prisonniers à Langueneau.

17. Combat de Néresheim. Capitulation d'Ulm.

18. Combat de Nordlingen ; une division est cernée et capitule ; prise d'un parc de réserve de 500 chariots.

20. La garnison d'Ulm évacue la place ; 27,000 hommes, 18 généraux, faits prisonniers, mettent bas les armes.

21. Combat de Nuremberg ; prise du parc d'artillerie et de tous les bagages ennemis. — Combat naval de Trafalgar entre les flottes française et espagnole combinées contre la flotte anglaise.

22. Entrée des Français à Augsbourg.

26. Passage de l'Iser.

27. Passage de l'Inn.

28. Affaire de Muhledorff. — Entrée dans la ville et citadelle de Braunau ; prise de 40,000 rations de pain et de nombreux magasins d'artillerie.

30. Entrée des Français à Saltzbourg.

31. Combat de Mérobach.

1er *novembre.* Combat de Lambach.

2. Prise de Wels et de Lintz ; on y trouve des magasins considérables. — Prise du fort de Passling.

3. Passage de la Trann ; attaque et prise de la ville d'Ebersberg ; l'ennemi est culbuté partout. — Passage de l'Enns et prise de la ville.

4. Prise de la ville de Steyer.

5. Combat de Lovers ; une colonne de cinq régiments autrichiens est complètement battue. — Prise de Vicence.

6. Combat d'Amstetten ; les Russes et les Autrichiens sont dépostés de toutes leurs positions.

7. Affaires de Freystadt et de Mattahausen, qui rendent les Français maîtres de magasins considérables. — Prise d'Inspruck (Tyrol).

8. Combat de Giulay. — Combat de Marienzell ; l'ennemi est poursuivi l'espace de cinq lieues.

9. Prise des forts de Scharnitz et de Neustark, enlevés de vive force. — Entrée à Inspruck, capitale du Tyrol, et à Hall ; les Français y trouvent un arsenal rempli d'une artillerie considérable et de riches magasins.

11. Combat de Diernstein, depuis six heures du matin jusqu'à quatre heures de l'après-midi ; 4,000 Français font tête à l'armée russe, forte de 20,000 hommes, et mettent en déroute tout ce qui leur est opposé.

13. Entrée des Français dans Vienne, capitale de l'Autriche.

14. Capitulation de la ville et forteresse de Kuffstein. — Prise de Stokerau ; les Français y trouvent des magasins immenses d'habillements.

15. Combat de Hollabrun ; l'ennemi laisse cent voitures d'équipages attelées. Prise de Presbourg (Davoust).

16. Combat de Waldermunchen. — Combat de Juntersdorff. — Prise de Clauzen et de Brixen.

17. Prise de Znaïm, où l'on trouve des hôpitaux et des magasins d'avoine considérables.

19. Entrée des Français à Brunn, capitale de la Moravie.

20. Combat de Brunn et d'Olmütz.

23. Prise de la ville de Brixen. — Prise de la ville d'Iglau ; les Français s'en emparent sans résistance.

29. Réunion des deux armées françaises d'Allemagne et d'Italie à Klagenfurth.

2 *décembre.* Bataille d'Austerlitz : l'armée ennemie, commandée par les empereurs de Russie et d'Autriche, est, en moins de quatre heures, ou coupée ou dispersée. Ce qui échappe au fer des Français est noyé dans les lacs ; 40 drapeaux, les étendards de la garde impériale de Russie, 120 pièces de canon, 20 généraux, plus de 30,000 prisonniers sont le résultat de cette mémorable journée.

26. Traité de Presbourg entre la France et l'Autriche.

27. Proclamation de Napoléon qui déclare que la dynastie de Naples a cessé de régner.

1806.

26 *janvier.* Retour de l'Empereur à Paris.

6 *février.* Combat naval de la baie de Santo-Domingo.

8 *mars.* Traité signé à Paris entre la France et la Prusse.

30 *mars.* Le prince Joseph Napoléon est proclamé roi de Naples et de Sicile.

5 *juin.* Le prince Louis Napoléon est proclamé roi de Hollande.

12 *juillet.* Confédération du Rhin. L'Empereur reconnu et proclamé protecteur de la confédération du Rhin.

20. Traité de paix entre la France et la Russie.
25 *août*. Rupture de ce traité par la Russie.

Italie (Masséna.)

1805.

29 *octobre*. Passage de l'Adige.
31. Bataille de Caldiero.
12 *novembre*. Combat du Tagliamento.
15. Passage du Tagliamento.
14. Prise de Trente.
21. Prise de Trieste. — Combat de Castelfranco (Saint-Cyr).

Campagnes de Prusse et de Pologne.

1806.

25 *septembre*. S. M. l'empereur et roi part de Paris. — Le
28 il arrive à Mayence.—Le 2 octobre, à Wurtzbourg. —
Le 6 à Bamberg.
6 *octobre*. Ouverture de la campagne.
7. Entrée à Bayreuth.
8. Passage de la Saàle. — Entrée à Cobourg.
9. Prise de Hoff et de tous les magasins ennemis.—Combat
de Schleitz, le village est enlevé.
10. Entrée à Auma. — Combat de Saalfeld, où le prince
Louis de Prusse est tué.
11. Entrée à Géra. — Prise de 500 caissons et voitures de
bagages.
12. L'armée française occupe Zeist, Gérau, Neustadt, Naum-
bourg, Iéna, Kala.
14. Bataille d'Iéna ; 20,000 Prussiens tués ou blessés ; prise
de 300 pièces de canon, 60 drapeaux ; 28,000 prisonniers. — Prise de Weimar le même jour.
15. 6,000 Saxons faits prisonniers avec 300 officiers renvoyés
sur parole de ne plus servir contre la France.— Capitulation de la ville d'Erfurt, dans laquelle on fait 14,000
prisonniers.
16. Les différents corps de l'armée, à la poursuite de l'ennemi
en déroute, font des prises considérables en hommes, en
bagages, en canons, magasins et munitions de toute es-
pèce. — Proposition d'un armistice de la part du roi de
Prusse, rejetée. — Combat et prise de Greussen.

17. Combat et prise de Halle.—L'ennemi chassé de Diénitz de Peissen et de Rabatz.
18. Prise de la ville de Leipsick. — L'empereur traverse le champ de bataille de Rosbach, ordonne d'enlever la colonne pour être transportée à Paris. — Mersebourg et Nordhausen occupés par les Français.
19. Entrée à Halberstadt.
20. Entrée à Wittemberg et prise du pont sur l'Elbe.
21. Arrivée du roi de Hollande à Gottingue avec l'avant-garde de l'armée du Nord qui s'empare ensuite de Munster, et prend possession du Hanovre.
24. Entrée à Postdam (Lannes).
25. Entrée des Français à Berlin. — Capitulation de la forteresse de Spandaw et de Brandebourg.
26. Combat de Zehdenick et prise du village.
27. L'Empereur fait son entrée à Berlin, et dès le lendemain forme un corps municipal et une garde bourgeoise des 1,200 plus riches habitants.—Prise de Hasleben.
28. Combat de Wigneensdorf. — Affaire de Prentzlow et prise de la ville. — Le prince de Hohenlohe met bas les armes avec 17,000 hommes. Prise de Francfort-sur-l'Oder.
29. Capitulation de la place de Stettin.—Combat de Passewalk.
31. Combat et prise d'Ankalm.—Entrée à Strelitz, à Cassel ; prise de possession du pays de Hesse-Cassel.
1er *novembre*. Entrée à Demmin, à Kratzebourg. — Capitulation d'Andlaw et de Kustrin.
2. Entrée à Tétetow, à Wharen, à Planer, à Jabel.—Combat dans cette dernière ville.
3. Prise de Scheitz.
4. Combat de Crevismulen.
6. Combat à Schlukup sur la Trave.—1,600 Suédois mettent bas les armes. — Combat et prise de Lubeck.
7. Affaire de Schwartau.—Le dernier corps de l'armée prussienne aux ordres du général Blücher met bas les armes.
8. Capitulation de Magdebourg. — 22,000 hommes, 800 pièces de canon, 54 drapeaux, 5 étendards et des magasins immenses tombent au pouvoir des Français.

A cette époque la grande armée avait pris 250 drapeaux, 800 pièces de canon sur le champ de bataille, 4,000 dans les places et 140,000 hommes.
10. Entrée dans la ville de Posen. Prise de possession de l'électorat d'Hanovre par le maréchal Mortier.
16. Suspension d'armes entre l'Empereur et la Prusse.—Elle n'est point ratifiée.
19. Capitulation de Czentoschau dans a l'o. ogne prussienr

·—Prise de possession de Ham' urg (Mor ier).
20. Capitulation de Hameln.
21. Les îles britanniques déclarées en état de blo   —Prise de Brême.
23. Capitulation du fort de Culbach, nommé Plassembourg. —Capitulation de la ville de Nienbourg. — L'Empereur part de Berlin, arrive à Mézeritz le 26 et à Posen le 27.
26. Passage de la rivière de Bsura à Lowiez.
28. Entrée à Varsovie, évacuée par le général russe Benigsen.
2 *décembre*. Capitulation de Glogaw, capitale de la Basse-Silésie.
5. Passage de la Vistule. — Prise du faubourg de Praga.
6. Entrée à Thorn.
11. Passage de la rivière du Bug, à l'embouchure de l'Wkra. — Combat de Ponrikuwo.
17. Déclaration de guerre à la Russie.
18. Plosk, Vissogorod, Kikol et Ripin, occupés par les Français.
20. Passage de la Narrew.
23. Combat de nuit de Czarnowo et prise du village.—Combat de Biezun et prise de ce poste.
24. Combat de Nasielk. — Passage de l'Wkra à Kursomb. — Entrée à Tykoczyn.
25. Passage de la Sonna.—Le pont de Lopachezin forcé.
26. Combat de Soldau et prise de la ville.—Combat de Mlawa. —Combat de Pultnusck et de Golymin.—L'ennemi poursuivi jusqu'à Ostrolenka.—Dans ces différentes affaires, l'armée russe perd 80 pièces de canon, tous les caissons, 1,200 voitures de bagages et 12,000 hommes tués, blessés ou prisonniers. — L'armée française prend ses quartiers d'hiver.

1807.

1er *janvier*. Ostrowicc et Brock occupés par les Français.
2. Arrivée de l'Empereur à Varsovie.
5. Capitulation de la ville de Breslaw.
11. Capitulation de la ville de Brieg.
23. Combat de Mohringen. — L'ennemi forcé de repasser la Passarge.
28. Levée des quartiers d'hiver de l'armée.
31. Arrivée de l'Empereur à Willenberg.
1er *février*. Combat de Willenberg.—L'avant-garde ennemie battue à Passenheim.
3. Combat de Bergfried.—Prise de Guttstadt.
4. Deppen et Schlett occupés par les Français.
5. Passage de l'Alle.—Combat de Watersdorfl.—Combat de

Deppen. — Prise des dépôts de l'ennemi dans Guttstadt
et Liebstadt.

6. Combat de Hoff et prise du village.

7. Combat d'Eylau et prise de la ville.

8. Bataille d'Eylau. Les résultats sont 7,000 Russes tués,
15,000 prisonniers, 15,000 blessés, 16 drapeaux pris,
et 24 pièces de canon.

12. Combat de Marienwerder.—L'ennemi forcé dans ses positions de Frankestein et Neuhrode.

15. La place de Schweidnitz se rend aux Français d'après la
capitulation signée le 7.—Combat de la Narrew.

16. Combat d'Ostrolenka.—L'armée rentre dans ses canton-
nements.

23. Combat de Dirschau.

25 et 26. Combats et prise de Bransberg et de Peterswalde.

6 mars. Combat de Villemberg.—Les cosaques chassés de la
rive droite de l'Alle.

17. Combat de Glatz.

19. Les redoutes de Selnow sont emportées.—Combat d'Astadt.

20. Prise d'Ortelsbourg.

4 avril. Combat de Kalberg.

16. Prise d'Anklam et du pont sur la Peere.

18. Suspension d'armes entre l'Empereur et le roi de Suède.

7 mai. Prise de l'île d'Holm.

12. Combat de Cauth.

15. Combat de Wiskowo.—Attaque générale des avant-postes
français par les Russes.

14 et 15. Combat de Weichelsmunde. — Défaite complète du
corps de troupes russes envoyées au secours de Dantzick.

24. Capitulation de Dantzick.—On y trouve 800 pièces d'artillerie et des magasins immenses.

27. Combat de Kakelsberg.

29. Capitulation du fort de Weischelmunde.

5 juin. L'armée russe se met en mouvement. — Combat de
Spandaw.—Combat de Vormditten.— Attaque des positions d'Altkirken, Amt, Guttstadt.

6. Combat de Deppen sur le Passarge.

8. Combat de Wolfsdorff.

9. Combat de Glottau.—Entrée de vive force à Guttstadt.

10 et 11. Les camps de l'ennemi forcés et enlevés à Heilsberg.

12. Prise de la ville d'Heilsberg.

13. Combat de Kreutzbourg.

14. Bataille de Friedland.—Les Russes perdent 120 pièces de
canon, 7 drapeaux, tous leurs magasins, leurs hôpitaux,
leurs ambulances, et ont 40,000 hommes prisonniers et
et 17,500 de tués.

16. Prise de Kœnigsberg et du port, où il se trouve 300 bâtiments chargés de munitions, dont 160,000 fusils envoyés par l'Angleterre.—Reddition de la place de Neisse, d'après la capitulation du premier du mois.

17. Prise de Glatz.

18. Capitulation de la place de Kosel.

19. Entrée de l'Empereur dans Tilsitt.

21. Armistice entre les armées française et russe.

23. Échange des ratifications de l'armistice.

25. Entrevue de LL. MM. les empereurs des Français et de Russie, dans un radeau sur le Niémen.

26. Nouvelle entrevue des deux Souverains et du roi de Prusse. Le même jour l'empereur de Russie établit sa résidence à Tilsitt avec l'empereur Napoléon.

6 *juillet.* La reine de Prusse se rend à Tilsitt.

7. Traité de Buénos-Ayres pour l'évacuation de l'Amérique méridionale par les Anglais.

7 *et* 9. Traités de Tilsitt avec l'empereur de Russie et le roi de Prusse.

9. L'empereur Napoléon part de Tilsitt, arrive de Kœnigsberg le 10, à Posen le 14, à Glogau le 16, à Dresde le 18, à Paris le 29.

20 *août.* Prise de Stralsund (Brune).

7 *septembre.* Prise de Copenhague par les Anglais, après un bombardement de trois jours et de trois nuits. — Prise de l'île de Rugen (Brune).

Affaires d'Espagne et de Portugal.

1807.

17 *octobre.* Le général Junot, parti de Bayonne à la tête de 28,000 hommes, se dirige sur le Portugal.

27. Traité conclu à Fontainebleau entre la France et l'Espagne.

30. Arrestation de Ferdinand, prince des Asturies, comme chef d'un complot tendant à détrôner le roi d'Espagne Charles IV, son père.

11 *novembre.* Traité avec la Hollande, qui cède à la France le territoire de Flessingue.

16. Napoléon quitte Paris pour aller visiter son royaume d'Italie.

29. Le prince régent de Portugal et la famille royale s'embarquent pour le Brésil.

31. Entrée des Français à Lisbonne. Le royaume de Portugal est gouverné au nom de S. M. l'empereur Napoléon.

1er *décembre.* Départ de la famille de Bragance pour le Brésil, le même jour où, en 1640, le pavillon de Bragance avait été arboré à Lisbonne.

8. Jérôme Napoléon est élevé au trône de Westphalie.

10. Les Français s'emparent du royaume d'Etrurie.

1808.

1er *janvier*. L'empereur est de retour à Paris de son voyage d'Italie.

17 *février*. Occupation militaire de Pampelune par les Français.

29. Occupation militaire de Barcelonne.

17 *mars*. Commencement des troubles en Espagne.

19. Abdication forcée de Charles IV, roi d'Espagne.

21. Charles IV signe et adresse à Napoléon un acte secret de protestation contre son abdication de l'avant-veille.

23. Arrivée de Murat à Madrid à la tête des corps de Moncey et Dupont.

24. Entrée solennelle de Ferdinand dans Madrid, comme successeur de Charles IV.

10 *avril*. Ferdinand quitte Madrid pour aller faire approuver son usurpation par l'Empereur, qui arrive à Bayonne dans la nuit du 14 au 15 avril.

20. Arrivée de Ferdinand à Bayonne. Il a une entrevue avec Napoléon.

30. Charles IV et la reine arrivent à Bayonne.

1er *mai*. Ferdinand remet humblement à son père la couronne d'Espagne.

2. Insurrection des habitants de Madrid.

5. Traité de Bayonne, par lequel Charles IV dispose de sa couronne en faveur de Napoléon.

10. Traité par lequel Ferdinand et ses frères adhèrent au traité de cession du royaume d'Espagne fait par leur père.

13. Charles IV, la reine et le prince de la Paix partent pour Compiègne.

15. Le conseil de Castille et la ville de Madrid demandent Joseph Bonaparte pour roi d'Espagne.

24. Réunion à la France des duchés de Parme et de Plaisance et des états de Toscane.

27. Insurrection de Cadix et de toute l'Espagne méridionale contre l'avènement de Joseph Ier.

6 *juin*. Décret impérial qui proclame roi des Espagnes et des Indes le prince Joseph Bonaparte, roi de Naples et de Sicile. — Prise de Logrono par le général Verdier.

7. Prise de Ségovie par le général Frère. — Combat d'Alcoléa (général Dupont).—Le général Merle reçoit la sou-

mission de Santander. — Le maréchal Bessières pacifie la province de Guipuscoa, l'Alva, la Biscaye et une partie de la Navarre. — Lefebvre-Desnouettes soumet le midi de cette dernière province et effectue le blocus de Saragosse. — Le général Duhesme fait la guerre dans la Catalogne, et le maréchal Moncey dans le royaume de Valence. Le général Dupont enlève Cordoue; Jaen a le même sort. Le maréchal Bessières gagne, le 14 juillet, la bataille del Rio Seco, qui ouvre à Joseph les portes de Madrid.

16. Insurrection des Portugais à Oporto.

19. Combat des défilés de Saint-Paul.

21. Combat de Pesquera.

5 *juillet.* Premier combat de Cuenca.

14. Combat de Medina del Rio Seco (Bessières).

15. Décret de l'Empereur, qui nomme Murat roi de Naples et de Sicile à partir du 1er août.

16. Bataille de Baylen.

20. Entrée solennelle de S. M. Joseph Ier dans Madrid.—Bataille d'Andujar (général Dupont).

21. Napoléon quitte Bayonne et retourne lentement à Paris.

22. Honteuse capitulation d'Andujar par le général Dupont.

28. S. M. Joseph Ier est contraint d'aller se réfugier à Vittoria.

31. Débarquement à Leyria de 30,000 Anglais, commandés par sir Arthur Wellesley (depuis lord Wellington).

1er *août.* Napoléon reçoit, à Bordeaux, la nouvelle de la capitulation d'Andujar. « Des généraux français, s'écrie-t-il, n'aiment pas mieux mourir que de signer que l'armée restituera les vases sacrés qu'elle a volés ! je voudrais effacer cette honte de tout mon sang. »

14. Arrivée de Napoléon à Paris. — Le sénat vote 160,000 hommes. La France comptait à cette époque 12 armées : celles de Pologne, de Prusse, de Silésie, de !Danemarck, de Dalmatie, d'Albanie, d'Italie, de Naples, d'Espagne, et celles des armées de réserve à Boulogne, sur les côtes, sur le Rhin et dans l'intérieur.

21. Bataille de Vimeiro : après cinq heures de combat, l'intrépide Junot, qui n'a que 10,000 hommes contre 30,000, est obligé de se replier sur Lisbonne.

24. Proclamation de Ferdinand VII à Madrid.

30. Junot, malgré son infériorité numérique, obtient du général anglais la belle capitulation de Cintra. — Évacuation du Portugal par l'armée française.

8 *septembre.* Traité entre la France et la Prusse.

22, 28, 29, 30 *septembre* et 1er *octobre.* Fêtes magnifiques données à Tivoli, par les Parisiens, aux divisions de la grande armée en marche pour l'Espagne.

22 *septembre*. L'empereur quitte Saint-Cloud pour se rendre à Erfurt, où il arrive le 27. — Entrevue de Napoléon avec Alexandre. — Congrès d'Erfurt où se trouvent réunis presque tous les souverains de l'Europe.

7 *octobre*. Napoléon visite le champ de bataille d'Iéna, où il trouve un temple à la Victoire élevé au centre du plateau sur lequel il avait bivouaqué deux ans auparavant.

14. Napoléon, Alexandre et les autres souverains se séparent pour se rendre dans leurs états.

19. Arrivée de l'empereur à Saint-Cloud.

29. Son départ pour Bayonne, où il arrive le 3 novembre, et le 7 à Vittoria. Les Anglais pénètrent en Espagne.

10 *novembre*. Prise de Burgos.

12. Bataille d'Espinosa (Bellune); l'armée de Galice perd 10,000 hommes, 10 généraux et 50 pièces de canon.

16. Prise de Santander (maréchal Soult). — Siége de Roses. — Prise de Selva.

22. L'Empereur transporte son quartier-général de Burgos à Lerma, et le 23 à Aranda.

23. Bataille de Tolède ; les Espagnols laissent 4,000 morts et 3,000 prisonniers.

29. L'Empereur transporte son quartier-général au village de Bozéguilles.

30. Bataille de Sommo-Sierra.

1er *décembre*. Le quartier-général de l'Empereur est à Saint-Augustin.

2. L'armée victorieuse célèbre l'anniversaire du couronnement de Napoléon sous les murs de Madrid.

3. Combat de Retiro.

4. Capitulation de Madrid. — Le général Belliard prend le commandement de la ville. — Napoléon ferme l'exécrable tribunal de l'inquisition.

5. Capitulation de la ville de Roses entre les mains du général Gouvion-Saint-Cyr.

8. Combat près de Saint-Domingue.

16. Combat de Cardedon.

17. Prise de Barcelonne.

21. Combat de Hobregat.

22. L'Empereur quitte Madrid pour aller couper la retraite aux Anglais qui marchent sur Saldagna.

24. Le général Sébastiani force le pont de l'Arzobispo, et le général Valence celui d'Almaraz.

30. Le maréchal Soult culbute la gauche de l'ennemi à Mancilla.

31. Prise de Léon (maréchal Soult).

1809.

1er *janvier*. L'Empereur est à Astorga.

2. Combat de Cacabella.

3. Combat de Prieros; le général Colbert y est tué d'un coup de feu.

8. Le quartier-général de l'Empereur est transporté de Benavente à Valladolid.

10. Bataille près du pont del Burgo, gagnée sur les Anglais. Leur général en chef Moore y est tué et le général Baird est blessé.

11. Second combat de Cuenca.

13. Beau combat de Tarrocana où le duc de Bellune fait mettre bas les armes au corps de Venegas, qui y périt. — Combat d'Uclès.

19. Bataille de la Corogne.

22. Rentrée solennelle de S. M. Joseph dans Madrid.

23. L'Empereur est de retour à Paris.

27. Soumission du Ferrol au duc de Dalmatie, qui trouve dans le port 11 vaisseaux de ligne, 3 frégates et 1,500 pièces de canon. — Capitulation de Vigo.

18 *février*. Combat de Maya-Guana.

21. Prise mémorable de Saragosse, après 28 jours de tranchée ouverte, 8 mois d'attaque et 23 jours de résistance de rue en rue, de maison en maison, par le duc de Montebello, qui a le commandement supérieur du siége depuis le 20 janvier. Plus de 40,000 personnes sont immolées dans cet effroyable carnage; une affreuse épidémie moissonne plus de 1,000 individus par jour.

23. Combat de Madridejos.

23. Combat de Vels gagné sur les Espagnols par le général Gouvion-Saint-Cyr.

12 *mars*. Prise de Chavas (maréchal Soult).

13. Combat de Lanhozo où les Portugais sont défaits. — Révolution de Suède.

19. Combat de Braga (Portugal).

22. Combat de Guimaurens.

27. Bataille de Ciudad-Réal gagnée par le général Sébastiani.

28. Combat de Medelin, où le duc de Bellune défait le général Cuesta.

29. Bataille d'Oporto gagnée sur l'évêque de cette ville par le maréchal Soult. 20,000 Portugais couvrent le champ de bataille. — Abdication du roi de Suède, Gustave-Adolphe IV.

1er *avril*. Combat de Penafield.

2 *mai*. Combat d'Amarante.

10. Evacuation du Portugal par le maréchal Soult.

18 *juin*. Bataille de Belchite, gagnée par Suchet sur le général Blake. — Combat d'Oviédo.

7 *juillet*. Prise de Santo-Domingo par les Anglais.

15. Bataille de Santa-Fé.

26. Bataille de Santo-Domingo (Portugal).

27. Combat de Caza-le-Gas (Portugal).

28. Bataille de Talavera ; 6,000 Anglais et presque autant de Français restèrent sur le champ de bataille. — Sir Wellesley fut fait, le 9 août, vicomte de Wellington de Talavera, bien qu'il eût été contraint d'abandonner 5,000 blessés sur le champ de bataille.

8 *août*. Passage du Tage par les corps de Ney, Soult et Mortier. — Combat de l'Arzobispo.

9 Prise de Tolède.

11. Combat d'Almonacid gagné sur Venegas par le général Sébastiani.

22 *octobre*. Combat de Navia.

1er *novembre*. Combat de Santa-Colonna.

19. Bataille d'Ocana, où 50,000 insurgés sont détruits par le maréchal Mortier.

23. Beau combat d'Alba de la Tormès, gagné par le général Kellermann.

10. *décembre*. Capitulation de Gironne entre les mains du maréchal Augereau.

24. Combat de Cerveira.

1810.

7 *janvier*. Combat sous les murs de Grenade. Les Espagnols sont repoussés.

8. Entrée du général Sébastiani dans cette place.

19. Combat de Collado.

20. Combat de Saint-Estevan.

26. Bataille de Sierra-Morena.

28. Combat d'Alcola-Réal.

2 *février*. Prise de Séville (Maréchal Soult.)

20. Combat de Vich, gagné par le général Souham sur O'Donnel.

12 *mars*. Combat d'Arrayo-del-Puerco.

25. Combat d'Etronquillo.

13 *avril*. Combat de Santa-Catharina.

23. Combat de Lérida.

3 *mai*. Combat de Figuières.

6. Capitulation d'Astorga.

13. Prise de Lérida. (Suchet.)

26. Trait de courage de 600 prisonniers français (d'Andujar) détenus en rade de Cadix, lesquels, après s'être jetés sur un mauvais navire, bravent le feu des Espagnols et des Anglais et gagnent le rivage où ils ont aperçu le drapeau tricolore.

8 *juin.* Prise de Mequinenza.

10 *juillet.* Capitulation de Ciudad-Rodrigo.

17. Combat d'Aroca.

27 *août.* Capitulation d'Almeida.

27 *septembre.* Bataille de Busaco. La 3ᵉ campagne de Portugal est manquée.

20 *octobre.* Combat de Frasno et Grado. (Espagne.)

19 *novembre.* Combat de Falset.

29. Bataille de Miranda.

29 *décembre.* Combat de Tortose.

1811.

2 *janvier.* Capitulation de Tortose.

20. Combat de Talavera-le-Réal. — Prise d'Oporto.

22. Capitulation d'Olivenza.

29. Combat de Malina.

7 *février.* Combat de Badajoz.

11. Prise du Pradoléras.

19. Combat de la Geborra.

5 *mars.* Combat de Chilcana.

10 Prise de Badajoz.

18. Combat de Puelo.

21. Combat de Campo-Major.
Evacuation du Portugal par l'armée française.

4, 5, 6 *avril.* Combats de la Fuente de Onoro. Evacuation d'Almeida.

2 *mai.* Combat du fort Oliva.

4. Siége de Tarragone.

16 *juin.* Bataille d'Albuféra (Suchet.)

18. Wellington lève le siége de Badajoz et se retire en Portugal.

25. Combat de Quintanilla.

28. Prise et pillage de Tarragone après cinq assauts. — Suchet gagne le bâton de maréchal.

29. Prise du fort Oliva.

25 *juillet.* Combat de Mont-Serrat.

10 *août.* Combat de Lasvertientes.

19. Prise de Figuières.

15 *octobre.* Combat de Saint-Roch.

25. Bataille de Sagonte, gagnée par le maréchal Suchet sur les Anglais.
26. Prise de Sagonte.
5 *novembre*. Combat de Barnos.
26 *décembre*. Passage du Guadalaviar.

1812.

9 *janvier*. Prise de Valence.
19 Prise de Ciudad-Rodrigo par Wellington.
24. Combat d'Atafouilla.
4 *février*. Prise de Peniscola.
7 *avril*. Prise d'assaut de Badajoz par les Anglais.
6 *mai*. Combat de Santona.
12 *juin*. Combat de Tarragone.
22 *juillet*. Bataille des Aropiles ou de Salamanque.
1ᵉʳ *août*. Prise de Madrid et du Retiro par les Anglais.
20 *octobre*. Le général Dubreton force Wellington de lever le siége de Burgos.
10 *novembre*. Jonction des armées françaises de Portugal, du centre et du midi de l'Espagne. Retraite de Wellington sur Ciudad-Rodrigo.
22 *décembre*. Combat de Roncal.
25. Combat d'Almunia.

1813.

6 *avril*. Combat de Valencia.
28 *mai*. Wellington reprend l'offensive en Espagne et force Joseph d'évacuer Madrid.
Le maréchal Suchet force les Anglais à lever le siége de Tarragone.
21 *juin*. Bataille de Vittoria.
12 *juillet*. Le maréchal Soult, chargé par l'Empereur d'aller arrêter en Espagne la marche de Wellington, arrive à Bayonne où il organise l'armée.
18 *août*. Évacuation du royaume de Valence par Suchet.
12 *septembre*. Belle victoire de Villafranca (Suchet).
31 *octobre*. Capitulation de Pampelune.
10 *novembre*. Soult est forcé par Wellington dans les lignes de Saint-Jean-de-Luz.
8, 13 *décembre*. Combats sur la Nive entre Soult et Wellington.

TROISIÈME COALITION.

1809.

AUTRICHE.

9 avril. Ouverture subite de la campagne d'Autriche. — Passage de l'Inn par les Autrichiens.

12. Napoléon apprend à Paris, par le télégraphe, le passage de l'Inn par les Autrichiens ; un instant après cette nouvelle, il est en voiture.

16. Entrevue de Napoléon avec le roi de Bavière à Dilligen.

17. Le quartier-général de l'Empereur est à Donawerth. Le 18, il est à Ingolstadt.

19. Combat de Pfaffenhoffen : 4,000 Autrichiens sont dispersés par le général Oudinot. — Combat de Taun gagné par Davoust.

20. Bataille d'Abensberg conduite et gagnée par Napoléon en personne. On se battit longtemps dans une mer de sang ; jamais victoire ne parut plus hideuse aux vainqueurs.

21. Combat et prise de Landshut.

22. Bataille d'Eckmülh.

23. Bataille et prise de Ratisbonne. L'Empereur est blessé au talon.

26. Passage de l'Inn par l'armée française.

27. L'Empereur est à Mühldorf.

28. Jonction des ducs d'Istrie et de Montebello à Berghausen, dont les Autrichiens ont brûlé le pont qui est rétabli le 29.

30. Passage de la Saltza par toute l'armée française à Burghauzen.

1er mai. Combat de Ried.

2. L'Empereur à Ried et à Lambach.

3. Entrée du duc de Rivoli à Lintz.

4. Bataille et prise de la ville d'Ebersberg.

10. Napoléon à Schœnbrunn. — Combat de Guttstadt.

11. Combat de Strub-Paas.

13. Capitulation de Vienne.

16. Combat de Mont-Kitta.

17. Combat de Grasdcatz. — Décret impérial daté de Vienne, qui réunit les états romains à l'empire français.

19. Combat et prise de l'île de Lobau.

20. Achèvement des ponts construits sur le Danube pour le passage de l'armée française.

21 et 22. Bataille d'Aspern et d'Esling. Ces deux villages sont pris et repris jusqu'à six fois ; la victoire reste à l'armée

française qui ne compte que 30,000 hommes le premier
jour, et 50,000 le second, contre 90,000 Autrichiens. Les
généraux d'Espagne et Saint-Hilaire sont tués, et Lannes
a les deux jambes emportées par un boulet.

30. Mort de Lannes. — L'Empereur met les blessés de l'île
Lobau sous la garde de Masséna, qu'il charge de retenir
l'ennemi immobile devant nous.

Pologne (Poniatowski).

8 *avril.* Ouverture de la campagne de Pologne.

19. Bataille de Raszyn livrée à l'archiduc Ferdinand par le
prince de Poniatowski.

14 *mai.* Occupation de Lublin par Poniatowski. Les Autrichiens sont repoussés devant Thorn.

18 au 19 (nuit du). Prise de Sandomirz par Sokolniki.

20. Prise de Zamosz par le général Pelletier. Capitulation de
Varsovie.

21. Prise de Lemberg par Poniatowski.

1er *juin.* Ferdinand sort de Varsovie.

2. Occupation de Varsovie par Zayoncheck.

11. Napoléon est excommunié par le Pape.

15 au 16 (nuit du). Prise de Sandomirz par les Autrichiens.

Tyrol (Lefebvre.)

8 *avril.* Insurrection générale du Tyrol. — Prise d'Inspruck
par les insurgés.

15. Arrivée du général autrichien Chasteller à Inspruck.

19. Arrivée du maréchal Lefebvre devant Inspruck après neuf
jours de combats dans des défilés. — Inspruck ouvre ses
portes au maréchal. — Cette ville est bientôt bloquée par
une seconde insurrection et évacuée par les Français.

Italie (Eugène.)

10 *avril.* Commencement des hostilités.

16. Combat de Sacile où le prince Eugène est battu par l'archiduc Ferdinand.

26. Eugène occupe la forte position de Caldiero.

27. Ferdinand marche sur Vérone.

29. Combat de Caldiero.

1er *mai.* Retraite de Ferdinand.

8. Eugène poursuit l'archiduc et l'atteint sur la Piave, où il
se venge de sa défaite de Sacile en lui faisant perdre
10,000 hommes.

10 et 11. Passage du Tagliamento. — Combats de Saint Daniel et de Vezone gagnés sur les Autrichiens.

18. Occupation de Trieste par Eugène. — Prise des retranchements de Malborghetto et de la position de Tarvis.

22. Capitulation du camp retranché et de la ville de Laybach.

23. Arrivée d'Eugène à Léoben. — L'archiduc Jean, qui l'attendait à Gratz, s'enfuit précipitamment de cette ville à la vue des débris des Autrichiens.

26. Eugène rejoint la grande armée à Bruck après avoir chargé le général Broussier d'assiéger la citadelle de Gratz.

14 juin. Bataille de Raab gagnée sur les Autrichiens par Eugène.

15. Le général Lauriston investit la ville de Raab. La tranchée ouvre le 19; le 21 le feu commence; le 22 la place capitule.

27 et 28. Bombardement de Presbourg.

29. Combat et prise de Presbourg.

DALMATIE (Marmont.)

14 mai. Marmont, qui commande une armée en Dalmatie, commence son mouvement pour opérer à Gratz sa jonction avec le général Broussier. — Combat de Mont-Kitta. Défaite des Autrichiens à Gospiez et à Ottoszacz.

28. Marmont arrive à Fiume, et le 3 juin à Laybach.

24 juin. Siége mémorable de Gratz, où 1,300 hommes du 84e font tête aux 18,000 hommes de Giulay et assurent la jonction de Marmont avec Broussier. Napoléon fit graver sur l'aigle du 84e: *Un contre dix.* — Marmont va, le 1er juillet, rejoindre la grande armée à l'île Lobau.

30. Rétablissement, en cinq quarts-d'heure, du passage qui avait servi pour la bataille d'Essling à l'île Lobau.

2 juillet. Prise de l'île du Moulin.

4. Ralliement de la grande armée sous l'étendard impérial à l'île Lobau.

4 au 5 (nuit du). Passage du Danube par la grande armée.

5. Bataille et prise d'Enzersdorf.

6. Bataille de Wagram gagnée par les Français. Les pertes des deux armées furent à peu près égales. 50,000 hommes restèrent sur le champ de bataille ou entrèrent dans les hôpitaux. 20,000 prisonniers, 30 pièces de canon et plusieurs drapeaux tombèrent entre nos mains. Le général Lamarque eut quatre chevaux tués sous lui et vit périr ses six ordonnances à ses côtés. Les Français perdirent les généraux Lassalle, Gauthier, Lacour et 7 colonels; l'ennemi eut 3 généraux tués et 10 blessés.

Napoléon embrassa Macdonald après la bataille et le nomma maréchal.

8. Napoléon prévient la jonction des deux archiducs en envoyant en toute hâte Masséna sur la route de Znaïm, et Davoust sur celle de Wülfersdorf.

9. Prise de Nicolsbourg par Davoust. — Combat et prise d'Hollabrünn (Masséna).

10. Combat de Tesswitz (Marmont). — Prise de Guntersdorf (Masséna).

11. Combat de Znaïm.

12. Armistice de Znaïm entre la France et l'Autriche.

14. Arrivée de l'Empereur à Schœnbrunn.

30. Prise de l'île du Danube.

12 *août*. Prolongation de l'armistice de Znaïm.

15. Célébration de la fête de l'Empereur à Vienne.—Berthier est nommé prince de Wagram ; Davoust, prince d'Eckmülh ; Masséna, prince d'Essling.

13 *octobre*. Attentat du jeune Stabs contre les jours de Napoléon.

14. Traité de Vienne qui engage l'Autriche envers la France pour une somme de 85 millions de contributions.

15. L'Empereur se rend à Passau et à Munich.

19. Ratification du traité de Vienne.

23. Napoléon quitte Munich pour rentrer en France.

26. Il arrive à Fontainebleau.

20 *novembre*. Frédéric-Guillaume, après trois ans d'absence, reprend à Berlin le trône que lui avait laissé le traité de Tilsitt.

15 *décembre*. L'Empereur annonce son divorce avec Joséphine en présence de toute la famille impériale.

16. Divorce de Napoléon avec Joséphine.

Expéditions maritimes des Anglais.

1809.

14 *février*. Capitulation de la Martinique qui tombe au pouvoir des Anglais (Villaret-Joyeuse en était le capitaine-général).

12 *avril*. Combat naval devant l'île d'Aix. Sur 14 vaisseaux français, 2 seulement parviennent à remonter la Charente ; 6 sont réduits à s'échouer et 6 sont brûlés par les Anglais.

25 *juin*. La flotte de l'amiral Stuart se présente devant Naples avec une armée de 15 mille Anglais et Siciliens sous les ordres du prince Léopold. Le pavillon britannique

est repoussé par les Napolitains.

7 *juillet*. Capitulation de Saint-Domingue (général Ferrand), qui tombe au pouvoir des Anglais.—Le 11, nos établissements du Sénégal subissent aussi la loi britannique.

6 *février* 1810. Prise de la Guadeloupe par les Anglais.

7 au 8 *juillet* 1810. Prise de l'ile Bourbon par les Anglais.

5 *décembre* 1810. Prise l'ile de France par les Anglais.

Les Anglais sur l'Escaut.

1809.

7 *et* 8 *juillet*. Débarquement, à Cuxhaven, de troupes anglaises sous le commandement de lord Chatam.

15 *août*. Capitulation de Flessingue (général Monnet). 4 mille Français sont conduits prisonniers en Angleterre.

4 *septembre*. Évacuation du fort de Batz par les Anglais.

24 *décembre*. Évacuation de Flessingue. — Retraite des Anglais.

1810.

5 *mars*. Décret impérial qui déclare le titre de grand-duc de Francfort reversible sur la tête du prince Eugène après la mort du prince Primat.

11. Le prince de Neuchâtel épouse solennellement, au nom de l'Empereur, la fille de François II.

13. Marie-Louise quitte Vienne pour se rendre à la manifique baraque qui lui a été construite entre Braunau et Altein.

16. La reine de Naples reçoit la princesse des mains de sa famille.

29. Marie-Louise quitte Braunau pour se rendre à Compiègne où réside Napoléon. — L'Empereur va au-devant de la princesse jusqu'au village de Courcelles.

30. Réunion de la Cour à Saint-Cloud pour la célébration du mariage civil.

1er *avril*. Célébration du mariage civil de l'Empereur avec Marie-Louise à Saint-Cloud.

2. Entrée solennelle de l'Empereur et de Marie-Louise dans la capitale. Célébration du mariage religieux par le cardinal Fesch dans une des salles du Louvre.

27. L'Empereur et l'impératrice partent de Compiègne pour aller visiter le canal de Saint-Quentin, Cambrai, Anvers, Bruxelles. Le 27 mai, l'Empereur est à Dieppe ; le 29, au Havre ; le 30, à Rouen ; le 1er juin, à Saint-Cloud.

29 m<   Mort du prince d'Augustembourg, successeur adoptif
 du roi de Suède Charles XIII.
3 *juillet.* Abdication de Louis Bonaparte, roi de Hollande.
 9. Décret impérial qui réunit la Hollande à la France.
21 *août.* Bernadotte est proclamé prince royal de Suède par
 les Suédois.

1811.

28 *février.* Réunion du duché d'Oldembourg à l'Empire.
20 *mars.* Naissance du roi de Rome.
19 *septembre.* Napoléon quitte Paris pour aller visiter ses
 nouvelles provinces de Hollande. Le 4 octobre, il est à
 Anvers; le 11 novembre, il revient à Saint-Cloud.

1812.

26 *janvier.* Occupation de Stralsund et de la Poméramie
 suédoise par le général Friant au nom de la France.
24 *février.* Traité d'alliance entre la France et la Prusse.
14 *mars.* Traité d'alliance entre la France et l'Autriche.
24. Traité entre la Suède et la Russie, par lequel Bernadotte
 s'engage à combattre contre la France. — Coalition de
 l'Angleterre, de la Russie, de la Suède, de l'Espagne
 contre la France, l'Autriche, la Prusse, l'Allemagne et
 l'Italie.
9 *mai.* Départ de l'Empereur pour Mayence. Il arrive à Dresde
 le 27. Une Cour de rois se réunit autour de lui.
29. L'Empereur va rejoindre l'armée et entre en Pologne le 30.
7 *juin.* L'Empereur arrive à Dantzick. Parti de cette ville le
 11, il est le 12 à Kœnigsberg; le 18, à Insterburg; le 19,
 à Gumbinem, et établit son quartier-général à Wilkowiski.
19. Entrée de l'armée française à Gumbinem. — Arrivée du
 pape à Fontainebleau.
22. Déclaration de guerre de Napoléon à la Russie.

Guerre de Russie.

1812.

Napoléon entre en campagne avec 400 mille hommes, français
 et étrangers, partagés en dix corps d'armée.
24 *juin.* Passage du Niémen par 200,000 hommes ayant l'Empereur à leur tête. — Le même jour Macdonald a passé
 le Niémen à Tilsitt.
26. La diète de Varsovie proclame le rétablissement du royaume
 de Pologne.

28. Napoléon est à Wilna.
12 *juillet*. Combat de Khanoli.
23. Combat de Mohilow.
26. Combat d'Ostrovo.
27. Combat de Witepsk.—Héroïque résistance de 200 volti-
    geurs parisiens du 9e de ligne à une nuée de lanciers.
28. Entrée des Français à Witepsk.
31. Combat de Jacoubavo.
1er *août*. Combat d'Obaïarzma.
2. Combat de la Drissa.
12. Combat de Grodeczana.
17. Attaque des faubourgs de Smolensk.—Prise et incendie
    de Smolensk.
18. Bataille de Potolsk (Gouvion-Saint-Cyr).
19. Combat de Woluntina-Gora (Murat).
23. Combat d'Uwiat.
29. L'armée française est à Viasma.
 4 *septembre*. Combat de Golowino.
 7. Bataille de la Moskowa. 50,000 Russes restent sur le champ
    de bataille. Mort des généraux Plauzolle, Romeuf, Ma-
    rion, Bonami, Compère, Huart, Lanubère, Montbrun et
    Caulaincourt. Le maréchal Ney reçoit le titre de prince
    de la Moskowa.
11. Combat de Zwenigrod.
14. Prise et incendie de Moscou.
1er *octobre*. Combat de Garosen.
 5. Combat de Dmitrow.
23. Combat de Winskowo. Explosion du Kremlin. — Conspi-
    ration du général Malet à Paris.—Evacuation de Moscou.
21. Bataille et prise de Malo-Jaroslawetz (Eugène).
25. Reconnaissances militaires aux environs de Malo-Jarosla-
    vetz.
26. Retraite des Russes.
31. Entrée de Napoléon à Viasma.
 5 *novembre*. Combat de Viasma.
 7. L'armée française arrive à Smolensk où elle reste jus-
    qu'au 16. Désastres de l'armée française à Smolensk.
    Presque tous les chevaux meurent ; les soldats, désarmés
    par le froid et par la faim, tombent sous le fer des co-
    saques.
10. Passage du Woop par l'armée du prince Eugène.
15. Napoléon culbute le corps d'Ojarowski et arrête le feld-
    maréchal pendant vingt-quatre heures à Chircowa et Ma-
    liewo.
17. Napoléon, à la tête de sa vieille-garde et de 80,000 hom-
    mes, rentre dans la Russie.

18. Combat de Krasnoé. — Le corps de Ney est presque entièrement détruit par l'artillerie russe. Ney se replie sur Orcha avec un débris de 1,800 hommes, la plupart mutilés.

19. Napoléon donne au duc de Reggio l'ordre de marcher sur Minsk, qui vient de tomber au pouvoir des Russes.

21. Prise de Borisow par les Russes.

23. Combat de Borisow.

26, 27 et 28. Passage de la Bérésina. Le 26, au matin, un escadron de la brigade Corbineau passe la rivière à la nage, chaque cavalier portant un fantassin en croupe. La division Dombrowski passe sur trois radeaux. À une heure de l'après-midi, le corps du duc de Reggio défile sur le pont supérieur. À quatre heures du soir, 250 bouches à feu et leurs caissons roulent sur le pont, dont les chevalets s'enfoncent sous le poids d'une charge si énorme. La garde franchit la rivière à son tour. Le 27, le pont est couvert de traîneurs. Le 28, au moment où va s'effectuer le passage du reste de l'armée, l'ennemi engage deux batailles sur les deux rives de la Bérésina. Reggio est blessé et remplacé par le maréchal Ney. L'ennemi se retire avec des pertes considérables.

3 *décembre.* Terrible bulletin qui annonce les désastres de la grande armée dont personne n'avait eu de nouvelles depuis vingt-un jours.

5. Napoléon part de Smorgoni pour aller demander de nouvelles levées à la France. Le 14 avril, il arrive à Dresde; le 19, il est aux Tuileries.

11. Évacuation de Wilna.

16. Évacuation de la dernière ville russe occupée par les les Français. Passage du Niémen par les débris de l'armée française.

19. Macdonald quitte Mittau pour prendre la route de Tilsitt.

29. Passage du Niémen par Macdonald.

30. Capitulation du général York au moulin de Poschernu.

1813.

17 *janvier.* Murat abandonne l'armée à Posen. Le prince Eugène en prend la conduite, opère avec ordre sa retraite sur Berlin qu'il occupe le 21 avec les débris de la grande armée.

19. L'Empereur se rend à Fontainebleau où il a une entrevue avec le Pape.

20. Concordat de Fontainebleau.

27. L'Empereur revient à Paris.

8 *février*. Prise de Varsovie par les Russes.

15. Publication du concordat comme loi de l'État.

27. Traité de Breslaw entre la Prusse et la Russie.

1er *mars*. Traité d'alliance entre la Prusse et la Russie.

3. Traité signé à Stockolm entre l'Angleterre et la Suède. 30,000 Suédois sont promis contre la France par Bernadotte.

4. Occupation de Berlin par les cosaques.

12. Evacuation de Hambourg.

17. Déclaration de guerre de la Prusse à la France.

21. Prise de Dresde par les Russes.

25. Décret impérial qui prescrit l'obéissance au concordat dans tout l'Empire.

30. Marie-Louise régente.

1er *avril*. Déclaration de guerre de la France à la Prusse.

4. Affaire de Mœchern.

Campagne de Saxe.

1813.

15 *avril*. L'empereur quitte Paris pour se rendre à Mayence, où il arrive le 16 à minuit. Le 25, il est à Erfurt.

29. L'empereur quitte Erfurt à la tête de 80 mille hommes. Combat et prise de Weissenfels. — Prise de Merscbourg, de Bernbourg, du pont d'Iéna, de Kosen, de Saalfeld.

30. L'Empereur rejoint l'armée du prince Eugène à Eckartzberg.

1er *mai*. La division Souham force les défilés de Poserna.

2. Bataille de Lutzen gagnée sur les souverains confédérés par quelques divisions de conscrits français. — 25 mille morts couvrent le champ de bataille qu'éclaire toute la nuit l'incendie de quatre villages.

5. Combat d'Onnoro.

5, 6 *et* 7. Avantages remportés par Eugène sur le général Miloradowitch.

8. Prise de Dresde par Eugène.

12. Départ du prince Eugène pour l'Italie. — Entrée du roi de Saxe dans sa capitale.

19. Combat de Weissy.

20. Bataille et prise de Bautzen.

21. Bataille de Wurschen. 18 mille alliés et 12 mille Français restent sur le champ de bataille.

22. L'armée s'avance vers la Silésie. — Combat de Reichen-

bach. Le général Bruyères est tué. Un boulet perdu tue le général Kirgener, et ouvre le bas-ventre au grand-maréchal Duroc.

23. Passage de la Neiss ; 24, de la Queiss ; 25, du Bober ; 27, de la Katzbach.

30. Le quartier-général de l'Empereur à Neumark.

31. Prise de Hambourg (Vandamme).

1er *juin*. Combat de Neukirchen.—Prise de Breslaw (Lauriston).

4. Armistice de Peicherwitz.

10. L'Empereur occupe, à Dresde, le palais Marcolini.

14. Traité de Reichembach entre l'Angleterre et la Prusse.

15. Traité entre l'Angleterre et la Russie.

30. Convention de Dresde entre la France et l'Autriche.

12 *juillet*. Ouverture du congrès de Prague.

25. L'Empereur arrive à Mayence où il a appelé Marie-Louise.

3 *août*. Il est de retour à Dresde.

10. Rupture de l'armistice conclu entre la France et l'Autriche.

15. Déclaration de guerre de l'Autriche à la France.

25. Combats de Berlin gagnés par Bernadotte sur Oudinot.

QUATRIÈME COALITION.

ALLEMAGNE.

1813.

Les hostilités ne devaient commencer que le 17 ; elles furent avancées par une violation criminelle des droits de la guerre de la part de Blücher, qui dès le 12 surprit le maréchal Ney et lui enleva plusieurs places.

22 *août*. Reggio attaque les 100 mille hommes de Bernadotte et emporte les défilés de Wittstock et Innsdorf.

23. Combat de Gross-Beeren.

26. Combat de la Katzbach. — Combat de Dresde ; l'ennemi est repoussé après avoir perdu 6 mille hommes.

27. Bataille de Dresde. Moreau, qui combat contre la France, a les deux jambes emportées par un boulet. L'ennemi se retire laissant 30 mille hommes sur le champ de bataille, dont 12 mille prisonniers.

27 au 29. Défaite de Macdonald au passage du Bober et de la Queiss.

28. Combat de Nollendorf. Occupation de Ghieshubel et de Tœplitz par Vandamme.

30 *et* 31. Combats de Kulm. Vandamme, à la tête de 18 mille hommes, se fait jour à travers 70 mille Russes et Autrichiens. Il est pris avec les généraux Haxo et Guyot.

5 *septembre.* Combat de Zahna.

6. Combat de Dennewitz.—Deux divisions saxonnes à notre service passent à l'ennemi.

8. Passage de l'Elbe par l'armée du maréchal Ney.

9. Traité de la triple alliance à Tœplitz.

14. Évacuation de Hollendorf par les Français qui y rentrent le 16.

17. Attaque et prise de Kulm.—Combat d'Arbesan.

22. L'Empereur chasse l'avant-garde de Blücher de Hartau ; le 23, il le poursuit jusqu'à Gœdau, et rentre à Dresde le 24.

25 *et* 26. Bombardement de Wittemberg par Bulow.

26. Passage de l'Elbe, à Lietmeritz, par les 50 mille hommes de Beningsen, qui vont se combiner avec l'armée de Schwartzemberg.

4 *octobre.* Passage de l'Elbe par l'armée de Blücher.

7. L'Empereur quitte Dresde pour aller attaquer Blücher qui lui échappe, le 9, à Duben.

8. Traité de Ried qui fait passer le roi Maximilien sous le joug de la défection autrichienne.

14. Déclaration de guerre de la Bavière à la France. — Les alliés, au nombre de 550 mille, sont en présence de Napoléon qui n'a que 150 mille combattants.

16. Bataille de Wachau. Le prince Poniatowski gagne son bâton de maréchal en défendant avec succès le passage de la Pleiss contre les Autrichiens. — Combat près de Leipsick.

17. Combat de Rackintz.

18. Bataille de Leipsick. — Les généraux Vial et Rochamban sont tués à la tête de leur division. Le reste des troupes saxonnes à notre service passe à l'ennemi malgré les efforts du digne général Zeschau qui demeure parmi nous avec 500 hommes de sa nation.

19. Destruction du grand pont de l'Elster. — 20 mille Français sont séparés de l'armée et réduits au plus affreux désespoir. Poniatowski, après des prodiges de valeur, se jette dans les flots de l'Elster, où il trouve la mort, ainsi que le général Dumoutier.

22. L'Empereur est à Ollendorf ; le 23, il est à Erfurt ; le 25, il se porte à Gotha ; le 26, l'armée s'engage dans la forêt de Thuringe ; le 28, elle est à Schluchtern.

30. Bataille et prise de Hanau.

31. Combat de Kintzig.

2 *novembre.* Mayence reçoit pour la dernière fois dans ses murs Napoléon et son armée.

9. L'Empereur est de retour à Saint-Cloud.

11. Capitulation de Gouvion-Saint-Cyr à Dresde.—Le général Schwartzemberg refuse de ratifier la capitulation et fait conduire Saint-Cyr et son armée prisonniers en Autriche.

15. Sénatus-consulte qui appelle 300 mille hommes sous les armes.

21. Capitulation de Stettin après huit mois de blocus.

24. Amsterdam ouvre ses portes à Bulow et proclame le rappel de la maison d'Orange.

27. Capitulation de Dantzick. Les prisonniers de la capitulation furent envoyés le 1er janvier 1814, à l'exception de 10,000, dans les déserts de la Russie.

2 *décembre.* Reddition d'Utrecht.

5. Les Suédois entrent à Lubeck.

10. Occupation de Breda et de Wilhelmstadt.

11. Traité de Valençay par lequel Napoléon rend l'Espagne à Ferdinand. — Le dernier et fidèle allié de Napoléon, le roi de Saxe, signe malgré lui un armistice avec les Russes.

15. Armistice entre les Russes et les Danois.

17. Décret impérial qui mobilise 180 mille gardes nationaux pour renforcer les garnisons de l'intérieur.

24. Évacuation de la Hollande par les Français.

Italie (Eugène).

31 *octobre.* Le prince Eugène enlève Bassano aux Autrichiens.

15 *novembre.* Il bat le général Bellegarde à Caldiero.

27. Les Français perdent Ferrare et Rovigo.

20 *décembre.* Défaite de Autrichiens à Castagnaro.

France.

1814.

2 *janvier.* Invasion du territoire français par les alliés.

25. L'Empereur, après avoir confié la régence à l'impératrice, quitte Paris et va établir son quartier-général à Châlons-sur-Marne.

27. Combat de Saint-Dizier. L'Empereur chasse Blücher de cette ville.

29. Bataille de Brienne.

30. Napoléon occupe Brienne et s'établit au château.

1er *février.* Combat de la Rothière.—L'Empereur n'a avec lui que 30 mille conscrits contre 100 mille hommes aguerris.

Evacuation de Bruxelles par le maréchal Maison.—Combat du pont de Rosnoy.

2. Capitulation d'Anvers.—Combat de Sens.

3 *et* 4. Napoléon force l'ennemi de se replier sur Bar-sur-Aube. — Ouverture du congrès de Châtillon. —Suspension du congrès.

5. Evacuation de Châlons par Macdonald.

6. L'Empereur quitte Troyes pour aller poursuivre Blücher sur la route de Paris. — Prise de Châlons-sur-Marne par les alliés.

7. Destruction du pont de Nogent. Entrée des alliés dans Troyes.

9. Prise d'Avesnes par les Russes.

10. Combat de Champ-Aubert.

10, 11 *et* 12. Défense héroïque de Nogent par le général Bourmont.

11. Bataille de Montmirail.—Combat de la ferme des Greneaux.

12. Prise de Laon par les Russes.

14. Combats de Vauchamp et de Château-Thierry.

15. Combat de Janvilliers.

16. Combat de Guignes.

17. Napoléon attaque Schwartzemberg devant Nangis et lui fait essuyer la déroute la plus complète. — Réouverture du congrès de Châtillon. Occupation de Montereau par les Wurtembergeois.

18. Bataille et prise de Montereau.

20. L'Empereur est à Bray et le soir à Nogent.

22. Combat de Saint-Méry-sur-Seine. Napoléon passe la nuit du 22 au 23 au village de la Châtres dans la boutique d'un charron.

23. Combat sous les murs de Troyes.

24. Entrée de l'Empereur dans cette ville. — Évacuation de Sézanne par Marmont.—Combat de Saint-Paar.

27. Combat de Bar-sur-Aube.— Prise de La Fère par Bulow. —Combat d'Orthez (Soult).

28. Combat de Sézanne.

1er *mars*. Traité de la quadruple-alliance à Chaumont.

2. Soissons ouvre ses portes aux Prussiens. L'Empereur est à La Ferté-sous-Jouarre.—Combat de Tarbes (Soult).

2 au 3 (nuit du). L'Empereur passe la Marne.

3. Combat de Troyes.

4. Évacuation de Troyes par Macdonald et Oudinot.

5. Prise de Béry-au-Bac par le général Nansouty.

7. Bataille de Craone gagnée sur les Russes.—Réoccupation de Soissons par les Français.

8 au 9 (nuit du). Gourgaud surprend et bat les grand'gardes des alliés à deux lieues de Laon.

9. Marmont est surpris à Laon et son corps est dispersé. — Prise de Berg-op-Zoom (Hollande).

12. Le duc d'Angoulême entre à Bordeaux avec l'armée anglo-espagnole.

13. L'Empereur s'empare de Reims à force ouverte. — Ferdinand VII se rend en Espagne sous la protection du maréchal Suchet.

18. L'Empereur entre à La Fère-Champenoise.

19. L'Empereur est une seconde fois au hameau de la Châtres dans la maison du même charron. — Rupture du congrès de Châtillon.

20. Combat d'Arcis-sur-Aube.

21. Evacuation d'Arcis. — Augereau livre Lyon aux Autrichiens. L'Empereur passe à Sommepuis la nuit du 21 au 22 ; le 23 il établit son quartier-général à Saint-Dizier.

23. Blücher opère sa jonction avec Schwartzemberg, dans les plaines de Châlons.— Proclamation des alliés qui annonce à la France leur marche sur la capitale.

24. Arrivée de Ferdinand VII en Espagne.

25. Combat héroïque de La Fère-Champenoise : 6,000 conscrits vendéens, dont les deux-tiers encore en habits de paysans, sont assaillis par toute l'armée des alliés, refusent quartier et périssent presque tous les armes à la main. Marmont et Mortier venaient d'être battus le même jour à La Fère-Champenoise, presque sur le même champ de bataille.

26. Deuxième combat de Saint-Dizier. Prise de cette ville par les alliés. L'Empereur s'y présente et en chasse l'ennemi.

28. Napoléon quitte Saint-Dizier pour se diriger sur Paris.

29. Départ de Marie-Louise et du roi de Rome pour Blois.— Marmont et Mortier arrivent à Charenton où ils disposent leurs armées pour la bataille de Paris.

30. Bataille de Paris. — Combats de Pantin et de Romainville. — Capitulation de Paris deux heures avant l'arrivée de l'Empereur.—Napoléon se rend à Fontainebleau.

31. Entrée des alliés à Paris après vingt-deux années de guerre.

4-5 *avril*. Négociation de Chevilly entre Marmont et Schwartzenberg. Première abdication de l'Empereur en faveur du roi de Rome. Trahison de Marmont qui livre aux alliés son corps d'armée placé à Essonne pour protéger l'Empereur à Fontainebleau.

10. Bataille de Toulouse. Wellington perd 18,000 hommes, Soult n'en perd que 3,600.

11. Abdication absolue de l'Empereur à Fontainebleau, le même jour où, en 1796, il remportait sa première victoire à Montenotte.

12. Entrée du comte d'Artois à Paris.

16. Départ de Marie-Louise et de son fils pour Vienne.
20. Adieux de Fontainebleau. — Départ de Napoléon pour l'île d'Elbe.
3 *mai.* Arrivée de l'Empereur à Porto-Ferrajo (île d'Elbe).
30. Traité de Paris entre la France et les alliés.

ITALIE (Eugène).

1814.

6 *janvier.* Défection de Murat qui signe, le 6 janvier, un armistice avec l'Angleterre, et le 11 un traité d'alliance offensive et défensive avec l'Autriche. — 30 mille Napolitains doivent marcher contre la France.
8 *février.* Bataille du Mincio (Eugène).
10. Combat de Borghetto.
13. Combat de Villafranca.
1er *mars.* Combat de Guastalla.
 2. Combat de Parme.
10. Combat de Castellaro.

1815.

26 *février.* Embarquement de l'Empereur à Porto-Ferrajo avec 1,000 hommes sur le brick l'*Inconstant* et six autres petits bâtiments.
1er *mars.* Débarquement de l'Empereur au golfe Juan.
 2. L'Empereur arrive au village de Cérénon ; le 3 il couche à Barème ; le 4 à Digne ; le 5 à Gap.
7. Le colonel Labédoyère se joint à Napoléon à la tête du 7e de ligne. Entrée de l'Empereur à Grenoble ; le 9 il est à Bourgoing, le 10 à Lyon, le 14 à Châlons.
18. Napoléon arrive à Auxerre, où le maréchal Ney met son armée à la disposition de l'Empereur.
19. L'Empereur arrive à Moret. A minuit, du 19 au 20, Louis XVIII quitte Paris pour se rendre à Lille et ensuite à Gand.
20. Entrée de l'Empereur à Fontainebleau à quatre heures du matin, et le soir, à neuf heures, à Paris.
22. L'Empereur passe la revue du corps que commandait le duc de Berry.
23. Louis XVIII quitte Lille pour se rendre à Gand.
23. Le duc d'Orléans (Louis-Philippe) quitte le commandement de Lille. — L'Empereur accorde une pension annuelle de 300,000 fr. à la duchesse d'Orléans, mère de Louis-Philippe, et 150,000 fr. à la duchesse de Bourbon. Traité des quatre grandes puissances qui prennent l'en-

gagement de ne déposer les armes qu'après avoir forcé Napoléon à se désister de ses projets.

1er *avril*. Le duc de Bourbon s'embarque à Paimbœuf pour l'Angleterre. Le duc d'Angoulême s'embarque le 16 à Cette pour l'Espagne.

6. Murat attaque les Autrichiens en Italie et leur enlève Florence.

2 et 3 *mai*. Battu à son tour à Tolentino, malgré des prodiges de valeur, il essuie une déroute complète et rentre à Naples le 18. Déchéance de Murat du trône de Naples. Il s'embarque le 20 mai à Miliscola, et débarque le 28 en Provence pour venir offrir son bras à Napoléon.

1er *juin*. Ouverture du Champ-de-Mai.

CINQUIÈME COALITION.

BELGIQUE.

1815.

8 *juin*. Départ de la garde impériale pour Avesnes.

11 au 12 (nuit du). Départ de Napoléon de Paris pour aller rejoindre l'armée.

14. Trahison du général Bourmont qui passe aux alliés avec son armée au moment où Blücher allait être surpris.

15. Passage de la Sambre. — Combats de Charleroy, de Gilly, de Thuin. — Prise du village de Frasnes.

16. Bataille de Fleurus ou de Ligny. 20,000 Prussiens couvrent le champ de bataille.

17. Prise des Quatre-Bras.

18. Bataille de Mont-Saint-Jean ou de Waterloo. Ici finit la carrière politique et militaire de Napoléon, après avoir gagné 76 batailles rangées.

21. L'Empereur arrive à Paris.

22. Abdication de l'Empereur en faveur de son fils.

25. L'Empereur se rend à la Malmaison où il est reçu par la princesse Hortense.

29. À cinq heures moins un quart du soir, Napoléon quitte la Malmaison pour se rendre à Rochefort.

3 *juillet*. Arrivée de l'Empereur à Rochefort. Le même jour, le palais de Saint-Cloud, où Napoléon reçut tant de fois la France et l'Europe, est devenu le quartier-général de Blücher et voit signer la convention qui remet Paris entre les mains des alliés, et envoie l'armée au-delà de la Loire pour y subir un arrêt de dissolution.

8. L'Empereur monte sur un canot à Rochefort pour aller

coucher à bord de *la Saal*. Le lendemain, il descend à l'île d'Aix.

15. Embarquement de l'Empereur sur *le Bellérophon*.

30. Lord Keith annonce à Napoléon que l'île de Sainte-Hélène lui a été assignée pour résidence.—Protestation de Napoléon contre cet acte de violence.

2 *août*. Assassinat du maréchal Brune, à Avignon, par les royalistes.

7. L'Empereur s'embarque sur *le Northumberland*, à la baie de Starpoint, avec les généraux Bertrand, Montholon, Gourgaud et le comte de Las-Cases.

15. Célébration de la fête de Napoléon sur *le Northumberland*.

17. Assassinat du général Ramel, à Toulouse, par les royalistes. *Le Northumberland* passant en vue du cap La Hogue, Napoléon salue la France pour la dernière fois : « Adieu, adieu, terre des braves ! adieu, chère France ! Quelques traîtres de moins, et tu serais encore la grande nation et la maîtresse du monde. »

19. Le colonel La Bédoyère est condamné à mort et fusillé à l'âge de vingt-neuf ans, pour s'être réuni à Napoléon, dans les environs de Grenoble, à la tète du 7e de ligne.

24. L'escadre s'arrête à Madère.

14 *octobre*. Napoléon découvre de loin le rocher de Sainte-Hélène. Le 15, à midi, l'escadre jette l'ancre et met en panne.

17. À 7 heures et demie du matin, cent onze jours après son départ de Paris, l'Empereur descend avec le maréchal Bertrand et l'amiral anglais dans cette île qui doit lui servir de tombeau.

12 *novembre*. Assassinat du général Lagarde, à Nîmes, par les royalistes.

7 *décembre*. Exécution du maréchal Ney, condamné à mort par la Chambre des pairs, sous l'influence de Wellington et de la Restauration.

10. Après un séjour d'environ deux mois dans le pavillon de Briars, Napoléon prend possession de la maison de *Longwood*, son dernier asile.

1816.

17 *avril*. Hudson Lowe succède à l'amiral Cockburn comme geolier du captif de Sainte-Hélène.

1819.

23 *septembre.* Arrivée du docteur Antomarchi à Sainte-Hélène.

1821.

15 *avril.* Testament de l'Empereur.
4 *mai.* Une tempête affreuse déracine jusqu'au dernier arbre
de Sainte-Hélène.
Samedi 5 mai. Mort de Napoléon à six heures moins onze
minutes du soir.
6 *et* **7.** L'Empereur reste exposé sur son lit de mort, revêtu
de l'uniforme des chasseurs à cheval de la garde impériale, couvert de tous les ordres qu'il a créés ou reçus,
avec le manteau de Marengo pour drap mortuaire. Le
lendemain, son corps est embaumé, puis revêtu de l'uniforme de la veille, et renfermé dans un quadruple
cercueil.
9. Funérailles de Napoléon. — Son corps est déposé dans un
caveau au milieu de la *Vallée du Geranium.* Douze salves
d'artillerie annoncent que l'Empereur a cessé d'exister.
Une garde d'officiers anglais est chargée de veiller sur
la sépulture du grand homme.

Adieux de Napoléon.

Le 20 avril 1814, Napoléon, après avoir embrassé ses amis,
avait descendu les degrés du palais et se trouvait au milieu
de sa fidèle armée, de sa garde rangée dans les cours pour
recevoir ses adieux. Jetant un regard tout à la fois calme et
attendri sur ses vieux guerriers noircis par tous les climats,
cicatrisés par la guerre, flétris par la douleur, il leur adressa
d'une voix ferme comme son âme ces sublimes et touchantes
paroles qui retentiront à jamais dans la postérité, et qui con-
fondirent quelques instants les larmes des premiers soldats et
du premier capitaine de l'Europe :

« Je vous fais mes adieux. Depuis vingt ans que nous
« sommes ensemble, je suis content de vous ; je vous ai tou-
« jours trouvés au chemin de la gloire. Toutes les puissances
« de l'Europe se sont armées contre moi ; quelques-uns de
« mes généraux ont trahi leur devoir et la France ; elle-même
« a voulu d'autres destinées. Avec vous et les braves qui me
« sont restés fidèles, j'aurais pu entretenir la guerre civile ;

« mais la France eût été malheureuse. Soyez fidèles à votre
« nouveau roi ; soyez soumis à vos nouveaux chefs , et n'a-
« bandonnez point notre chère patrie. Ne plaignez pas mon
« sort : je serai heureux lorsque je saurai que vous l'êtes
« vous-mêmes. J'aurais pu mourir ; si j'ai consenti à vivre ,
« c'est pour servir encore à votre gloire. J'écrirai les grandes
« choses que nous avons faites. Je ne puis vous embrasser
« tous , mais j'embrasse votre général : venez, général Petit,
« que je vous presse sur mon cœur ! Qu'on m'apporte l'aigle,
« que je l'embrasse aussi ! Ah ! chère aigle , puisse le baiser
« que je te donne retentir dans la postérité ! Adieu, mes en-
« fants ; mes vœux vous accompagneront toujours ; gardez
« mon souvenir ! »

Prophétie poétique.

Le 1er mai 1831, M. Barthélemy publiait un chant de la
Némésis intitulé : *Statue de Napoléon*. Le poëte, comme subj-
jugué par une inspiration surhumaine et entraîné vers cette
éclatante réparation de l'avenir qui attendait les cendres de
Napoléon , prévoit le jour où elles entreront à Paris. Nous ne
connaissons dans notre langue aucun morceau qui soit supérieur à ce passage, que nos lecteurs seront heureux de re-
trouver ici, et qui ne sortira pas plus de leur mémoire que le
grand événement qui va s'accomplir ne sortira de leur cœur.
Toutes les qualités poétiques de M. Barthélemy y sont em-
preintes avec une admirable puissance. Jamais pensée plus
grande et plus nationale ne fut revêtue d'une expression plus
noble et plus élevée. Le Barthélemy de 1831 nous pardon-
nera sans doute cet emprunt.

. . . . La colonne trompée
Nous demande aujourd'hui les cendres de Pompée :
Comme sa sœur de marbre isolée au désert,
C'est un tombeau sans ame, un sarcophage ouvert.
Ah ! que l'Etat du moins, ce prodigue économe,
Que l'Etat, une fois, ait des entrailles d'homme !

Chaque jour, dans nos ports, il équipe à grands frais
Des navires pompeux aux immenses agrès :
Ils vont chercher au loin, sur d'inconnus rivages,
Des os de Pharaons, des crânes de sauvages,
Ridicules objets, qui, par faisceaux impurs,
D'un Muséum crédule envahissent les murs.
Qu'on cède donc enfin à des vœux légitimes !
Ennoblissons encore nos fastes maritimes !
Qu'un navire argonaute, au mois de messidor,
Parte pour conquérir une autre toison d'or !
Dites au *Marengo* de tourner sa poulaine
Vers le saule français qui pleure à Sainte-Hélène ;
Sans carte, sans boussole, et sans compas marin,
Il saura bien trouver son glorieux parrain.
A défaut du *Barnave* et du vieux *Sans-Culotte*,
Equipez le *Muiron*, doyen de notre flotte ;
Le *Muiron*, qui, d'Egypte au sein de notre port,
L'a ramené vivant, le ramènera mort.
Allez, ce n'est pas trop que d'une escadre entière
Pour rapporter en France une once de poussière.
Quand la trirème en deuil sur les sables toscans
Rendit Germanicus mort au milieu des camps,
Rome entière inonda le rivage de Brindes ;
Jugez de nos transports quand la vague des Indes,
Sous les vents alisés qui soufflent du Brésil,
Poussera vers nos bords le sépulcre en exil ;
Figurez-vous ce jour, où dans le port du Havre
Entrera le vaisseau chargé du saint cadavre :
A l'immense nouvelle, aux éclats du grand nom,
Paris serait désert comme un Herculanum ;
Son peuple de Juillet, vivantes galeries,
Borderait le chemin du Havre aux Tuileries,
Et rendrait le cercueil à ces bronzes luisans
Où ses aigles debout l'attendirent quinze ans.

Là serait notre appui, sous ses portes fermées
Notre palladium, notre dieu des armées.
Si jamais le canon tonnant aux bords du Rhin,
Nous forçait à rouvrir les deux battans d'airain,
Si l'ennemi souillait notre saint territoire ;
Dans ces quartiers bénis par des noms de victoire,
Iéna, Mondovi, Rivoli, Mont-Thabor,
Nos soldats en partant reparaîtraient encor ;
Debout et dominant la triomphale rue,
L'Empereur passerait la dernière revue ;
Il jugerait, d'en haut, en les suivant des yeux,

S'ils marchent vers le Rhin du pas de leurs aïeux,
Et fiers en inclinant leurs guidons vers la terre,
Nos soldats lui rendraient le salut militaire !
Puis du temple entr'ouvert sortira le cercueil,
Héritage français conquis sur un écueil ;
Il marchera, porté sur des essieux sonores,
Avec des crêpes noirs, des drapeaux tricolores ;
Là, ne brilleront point ces funèbres joyaux,
Vains hochets, ornemens de cadavres royaux ;
Mais le chapeau connu, scellé de la cocarde,
Celle qui rayonnait devant la vieille garde,
Et le vieux manteau brun dont les immenses plis
Ont joué dans les vents d'Arcole et d'Austerlitz.
Le cercueil, de l'armée ouvrant la longue marche,
Vers le camp philistin roulera comme l'Arche ;
A ce magique aspect, sourds aux ordres des rois,
Moscovites, Saxons, Croates, Bavarois,
Tous les soldats enfants d'une zône sauvage
Viendront, dans notre camp, baiser le sarcophage,
Et par un saint respect terrassés comme nous,
Même avant le combat tomberont à genoux.
Si pourtant quelque jour dans leur ligue féconde
Les rois contre la France entrelaçaient le monde,
S'ils poussaient à la fois leurs innombrables camps,
Des rives d'Archager aux sommets des Balkans ;
Si débordés par flots dans notre Babylone,
Ils venaient se ruer sur la grande colonne ;
Avant que la statue, abandonnant les airs,
Etalât ses débris sur nos pavés déserts,
Avant que l'arche sainte, idole de l'armée,
Au temple de Dagon disparût enfermée,
La France tout entière aurait trouvé la mort
Devant le char funèbre où Napoléon dort.

Translation des cendres de Napoléon.

Napoléon ne pouvait avoir qu'une sépulture provisoire à Sainte-Hélène. Dans l'un de ses codicilles, en date du 16 avril 1821, il a marqué lui-même la place de sa tombe définitive. « Je désire, dit-il, que mes cendres reposent sur les bords « de la Seine, au milieu de ce peuple français que j'ai tant « aimé. » La France n'a donc fait que se rendre au vœu le plus cher de son Empereur en rappelant ses cendres de l'exil ; mais, il faut bien le dire, la conduite de la Chambre des députés a manqué de dignité dans cette circonstance. Elle avait d'abord accueilli la proposition du gouvernement avec enthousiasme ; si son règlement l'avait permis, le projet aurait été voté par acclamation , et il est positif que si, au lieu d'un million , le ministère en eût demandé cinq, cette somme aurait été accordée immédiatement. La commission fait son rapport, et l'amendement qu'elle propose est instantanément accepté par le cabinet. Aussitôt une clarté nouvelle illumine la Chambre ; elle est saisie tout-à-coup d'une forte impulsion économique ; la question de gloire s'est transformée en une question d'argent. Les batailles de Napoléon , le Code et les règlements administratifs qu'il a créés ont été mis dans la balance ; on a pesé exactement un million de francs, pas un napoléon, pas un écu, pas un centime de plus : ç'a été un misérable spectacle. Il y avait cependant beaucoup de grandeur dans cette pensée d'aller chercher les cendres du grand Capitaine sur un rocher au milieu de l'Océan pour les transporter sur les rives du fleuve où est située la cité qui est regardée comme le centre de la civilisation. N'est-ce pas le comble de l'inconvenance que d'avoir marchandé sur les derniers honneurs à rendre au grand homme qui éleva la France au plus haut point de gloire où elle soit jamais parvenue ? A l'exception des organes légitimistes et des journaux de la cour, toute la presse parisienne a été unanime pour condamner la décision de la Chambre.

Loi relative à la translation des restes de l'empereur Napoléon.

Art. 1er. « Il est ouvert au ministère de l'intérieur, sur l'exercice 1840, un crédit spécial d'un million pour la translation des restes mortels de l'empereur Napoléon à l'église des Invalides et pour la construction de son tombeau. (Adopté.)

Art. 2. « Le tombeau sera placé sous le dôme, exclusivement réservé, ainsi que les quatre chapelles latérales , à la sépulture de l'empereur Napoléon. A l'avenir , aucun autre cercueil ne pourra y prendre place. (Adopté.)

Art. 3. « Il sera érigé une statue équestre à l'empereur Napoléon sur une de nos places publiques. »
Cet article n'est pas adopté. (*Vives rumeurs.*)

Art. 4. « Il sera pourvu à la dépense autorisée par la présente loi au moyen des ressources accordées par la loi des finances du 10 août 1839, pour les besoins de l'exercice 1840. »
(Adopté.)

La Chambre passe au scrutin sur l'ensemble. L'agitation de l'assemblée est telle que cette opération dure fort longtemps.

Voici le résultat du scrutin :

Votans. 315
Majorité absolue. . . 173
Boules blanches . . . 280
Boules noires. . . . 65

La Chambre adopte.

La loi relative à la translation des cendres de l'Empereur a été votée à la Chambre des pairs sans aucune discussion ; elle a réuni 117 voix contre trois dissidents seulement.

Le cercueil de Napoléon. — Le poêle. — Les urnes funéraires.

Le magnifique cœnotaphe destiné à contenir les restes de Napoléon, et dont les dimensions permettront d'y renfermer les divers cercueils dans lesquels le corps de l'Empereur a été placé à Sainte-Hélène, est en ébène massif de 10 centimètres d'épaisseur et d'u. poli si fin, si brillant, qu'il simule le marbre. Sa longueur est de 2 mètres 56 centimètres, sa largeur de 1 mètre 5 centimètres, sa hauteur totale de 76 centimètres, et son élévation du sol de 7 centimètres. La partie supérieure, ou le couvercle, également en ébène massif du plus beau travail, a pour tout ornement le nom de NAPOLÉON, en lettres d'or incrustées avec soin.

Au milieu de chacun des côtés du cercueil, se trouvent, dans des médaillons circulaires, incrustés ou en creux, des N en bronze doré et en relief. Six forts anneaux en bronze, tournant sur leurs tiges, sont placés sur les faces latérales (deux de chaque côté dans la longueur) et aux deux bouts du cercueil pour servir au transport des cendres, lors de la cérémonie. Les angles inférieurs sont garnis d'ornements en bronze. A la partie antérieure du cercueil se trouve une serrure, dont l'entrée est masquée par une étoile d'or qui se retire en la tournant. La clé qui ouvre cette serrure est en fer par le bas et en bronze doré par le haut. L'anneau représente un N couronné.

Le sarcophage d'ébène renferme un cercueil en plomb, décoré, en entourage, d'ornements gravés en creux et dorés. Sur la plaque du cercueil on lit une inscription ainsi conçue :

NAPOLÉON
EMPEREVR ET ROI,
MORT A Ste-HÉLÈNE,
LE V MAI
MDCCCXXI.

Ce cercueil en plomb est maintenant fixé par des vis ; mais lorsque les restes de l'Empereur y auront été déposés, il sera entièrement soudé au sarcophage d'ébène.

Le poêle, y compris l'hermine, a cinq mètres sur quatre ; il est en velours violet et entouré de plusieurs bordures garnies d'ornements, de chiffres et d'aigles. La première bordure en hermine a trente centimètres de largeur ; la seconde renferme des arabesques brodées en or ; cette bordure est entourée des deux côtés de plusieurs filets brodés en or ; la troisième bordure, moins large que la précédente, contient des palmettes en or exécutées dans le goût impérial. Aux quatre coins de cette bordure se trouvent, dans deux médaillons, surmontés d'une couronne impériale, les quatre aigles dont il a été parlé plus haut. Le chiffre de Napoléon est répété huit fois dans le poêle. La partie intérieure ou le fond est semé d'abeilles et croisé de brocard d'argent. Les angles du poêle sont ornés de quatre gros glands en or très-richement composés.

Deux urnes en argent sont destinées à renfermer le cœur et les entrailles de l'Empereur.

Famille Impériale.

NAPOLÉON (BONAPARTE), né le 15 août 1769. Empereur des Français le 18 mai 1804, sacré et couronné le 2 décembre 1804, couronné Roi d'Italie le 26 mai 1805. Mort à Sainte-Hélène le 5 mai 1821. — Marié successivement à

JOSÉPHINE TASCHER DE LAPAGERIE, née le 24 juin 1768, sacrée et couronnée Impératrice des Français le 2 décembre 1804 ; morte à la Malmaison, le 29 mai 1814.

MARIE-LOUISE, Archiduchesse d'Autriche, née le 12 décembre 1791. (Mariée à Vienne le 11 mars 1810 ; à Paris, le 1er avril 1810). — De ce mariage :

NAPOLÉON-FRANÇOIS-CHARLES-JOSEPH, Roi de Rome, né à Paris, le 20 mars 1811 ; proclamé Empereur des Français par la Chambre des Représentants, le 23 juin 1815. — Mort à Vienne, le 22 juillet 1832.

Membres de la Famille naturelle actuellement vivants.

JOSEPH NAPOLÉON, frère de l'Empereur (ci-devant Roi d'Espagne), Comte de Survilliers, né le 7 janvier 1768.

Marie-Julie Clary, sa femme (sœur de la Reine de Suède), née en 1777. De ce mariage :

Charlotte-Zénaïde-Julie, née en 1801 ; mariée en 1822, à Charles-Lucien Bonaparte, prince de Musignano, son cousin, fils de Lucien.

Charlotte, née en 1802 ; veuve de Napoléon-Louis (ci-devant Grand-Duc de Berg et de Clèves), son cousin, fils de Louis ; décédée en 1839.

Lucien Bonaparte, prince de Canino, frère de l'Empereur, né en 1775, mort en juillet 1840.

Alexandrine Bleschamp, sa seconde femme, née en 1780. Les enfants du prince de Canino, sont :

Charles-Lucien Bonaparte, prince de Musignano, né en 1803 ; marié à Charlotte-Zénaïde-Julie, fille de Joseph ;

Louis Bonaparte, né en 1809 ;

Pierre Bonaparte, né en 1811 ,

Charlotte Bonaparte, née en 1796, fille de sa première femme, mademoiselle Boyer ; mariée au prince Gabrielli ;

Christine Bonaparte, née en 1800, fille de sa première femme ; mariée à Lord Stuart Dudley ;

Lætitia Bonaparte, née en 1807 ; mariée à M. Wyse, gentilhomme irlandais ;

Alexandrine Bonaparte, née en 1817 ;

Constance Bonaparte, née en 1819 ;

Anna Bonaparte, née en 1798 ; mariée au prince Herco lani. C'est une fille adoptive.

Louis Bonaparte, frère de l'Empereur, comte de Saint-Leu (ci-devant Roi de Hollande), né en 1778 ;

Hortense-Eugénie de Beauharnais, fille de l'Impératrice Joséphine, sa femme, née en 1783, morte en 1837. — De ce mariage :

Napoléon-Louis, né en 1804, décédé à Forli en 1831.

Le prince Napoléon-Louis, né en 1808. D'après les constitutions de l'Empire, Napoléon-Louis est, après son père et son oncle Joseph, le successeur le plus direct de Napoléon.

Jérome Napoléon, frère de l'Empereur (ci-devant Roi de Westphalie), prince de Montfort, né en 1784 ;

Frédérique-Catherine-Sophie-Dorothée, princesse royale de Wurtemberg, sa femme, née en 1783.

Leurs enfants sont :

Jérôme Napoléon, prince de Montfort, né en 1814 ;

Napoléon Jérôme, né en 1822 ;

Mathilde-Jérôme Napoléon, née en 1820.

Napoléone-Elisa de Bacciochi, comtesse Camerata, nièce de l'Empereur, née en 1806 ; fille de Élisa, sœur de l'Empereur (ci-devant Grande-Duchesse de Toscane), née en 1777, morte en 1820, et de Félix de Bacciochi, né en 1762 (ci-devant prince de Lucques et Piombino).

Marie-Annonciade-Caroline, sœur de l'Empereur, veuve de Joachim-Murat Napoléon (ci-devant Roi de Naples), née en 1782, décédée à Florence en 1839.

Leurs enfants sont :

Napoléon-Achille, né en 1801 ;

Napoléon-Lucien-Charles, né en 1802 ;

Marie-Lætitia-Joséphine, née en 1803 ; mariée au marquis Popoli de Bologne ;

Louise-Julie-Caroline, née en 1805 ; mariée au comte Rasponi de Ravenne.

Marie-Letitia Ramolino, veuve de Charles Bonaparte, mère de l'Empereur, née le 24 août 1750, décédée en 1836. Elle était sœur utérine du cardinal Fesch, mort en 1839.

Membres de la Famille adoptive actuellement vivants.

Auguste-Amélie, princesse de Bavière, sœur du Roi, née en 1788, veuve d'Eugène Napoléon, fils adoptif de l'Empereur (ci-devant prince de Venise, Vice-Roi d'Italie), né en 1780, mort en 1824.

Leurs enfants sont :

Auguste-Charles-Eugène Napoléon, duc de Leüchtemberg, né en 1810 ;

Joséphine-Maximilienne-Amélie, née en 1807 ; mariée au prince royal de Suède, fils du Roi Charles-Jean (Bernadotte) ;

Eugénie-Napoleone, née en 1808 ; mariée au prince héréditaire de Hohenzollern-Hechingen ;

Amélie-Auguste-Eugénie, née en 1812, veuve de Pierre Ier, Empereur du Brésil ;

Théodolinde-Louise-Eugénie, née en 1814 ;

Maximilien-Joseph-Eugène-Auguste, né en 1811.

STÉPHANIE-LOUISE-ADRIENNE-NAPOLÉON, fille adoptive de l'Empereur, Grande-Duchesse douairière de Bade, née en 1789, veuve de Charles-Louis-Frédéric, Grand-Duc de Bade, mort en 1818.

Leurs enfants sont :

Louise-Amélie-Stéphanie, née en 1811 ; mariée au prince Gustave Wasa, de l'ancienne maison royale de Suède ;

Joséphine-Frédérique-Louise, née en 1813 ;

Marie-Elisabeth-Amélie-Caroline, née en 1817.

Premiers maréchaux de l'Empire.

Le 19 mai 1804, la dignité de maréchal de l'Empire fut conférée aux 18 généraux les plus célèbres de l'armée. En voici la curieuse liste ; elle prouve que, malgré les obstacles dont le pauvre est entouré dans notre société, il y a pour lui possibilité de parvenir, puisque des hommes sortis des rangs du peuple, de simples soldats, se sont fait jour jusqu'aux premières dignités de l'État.

AUGEREAU, duc de Castiglione, fils d'un marchand fruitier de Paris, était soldat en 1792, général en 1794.

BERNADOTTE, aujourd'hui roi de Suède, fils d'un avocat de Pau, soldat.

BERTHIER, prince de Neufchâtel et Wagram, fils d'un concierge de l'hôtel de la Guerre.

BESSIÈRES, duc d'Istrie, fils d'un bourgeois de Preissac, soldat en 1792, capitaine en 1796.

BRUNE, fils d'un avocat de Brives, imprimeur, soldat.

DAVOUST, né à Annoux (Yonne), élève de l'école de Brienne d'où sortit aussi Napoléon.

JOURDAN, fils d'un imprimeur de Limoges.

KELLERMANN, duc de Valmy, fils d'un bourgeois de Strasbourg, soldat.

LANNES, duc de Montebello, fils d'un teinturier de Lectoure (Gers), soldat en 1792, général de division en 1800.

LEFEBVRE, duc de Dantzick, fils d'un ancien hussard de Rouffach, soldat.

MASSÉNA, prince d'Essling, fils d'un marchand de vin de Nice, soldat.

Moncey, duc de Conégliano, fils d'un avocat de Besançon, soldat à seize ans.

Mortier, duc de Trévise, fils d'un ancien négociant de Cateau-Cambrésis, garde national.

Murat, roi de Naples, fils d'un aubergiste de La Bastille, près de Cahors, chasseur à cheval en 1792.

Ney, prince de la Moskowa, fils d'un tonnelier de Sarre-Louis, hussard en 1787, général en 1796.

Pérignon, fils d'un bourgeois de Grenade, soldat.

Serrurier, fils d'un bourgeois de Laon, soldat.

Soult, duc de Dalmatie, fils d'un cultivateur de Saint-Amand, près Castres, soldat.

De ces premiers maréchaux, seize vivaient encore à la chute de l'Empire. Deux seulement, Lannes et Bessières, ont eu la mort des braves. Depuis 1815, cinq d'entre eux, Berthier, Murat, Ney, Brune et Mortier ont péri d'une mort violente, signalée par une affreuse variété. Masséna, Augereau, Lefebvre, Kellermann, Pérignon, Serrurier, Davoust, Mortier, Jourdan ont eu des funérailles dans leur patrie. Il ne nous reste plus de cette vieille gloire que Soult et Moncey. Bernadotte est roi de Suède.

NOTICE HISTORIQUE

sur la vie

DU PRINCE

NAPOLÉON-LOUIS BONAPARTE.

NAPOLÉON-LOUIS BONAPARTE est né à Paris, le 20 avril 1808, de Louis-Napoléon Bonaparte, roi de Hollande, et de la reine Hortense, fille de l'impératrice Joséphine. Sa naissance, comme celle du roi de Rome, fut annoncée par des salves d'artillerie et saluée des acclamations du peuple français dans la vaste étendue de l'Empire. A cette époque si glorieuse pour ses armes, la France était loin de prévoir que Napoléon divorcerait avec Joséphine pour épouser la fille du souverain qui devait le plus contribuer à la chute de son trône, et dès-lors elle voyait dans les neveux de l'Empereur autant de rejetons destinés à perpétuer le nom et la dynastie de celui qui l'avait déjà couverte de tant de gloire. Le prince *Napoléon-Louis,* comme second héritier de l'Empire, fut inscrit sur le grand-livre de successibilité, qui se rouvrit trois ans après pour recevoir le nom du roi de Rome et se refermer ensuite à jamais. *Napoléon-Louis* fut baptisé en 1811, au palais de Fontainebleau, par le cardinal Fesch, et tenu sur les fonts de baptême par l'Empereur et l'Impératrice qui lui donnèrent les noms de Charles-Louis-Napoléon. Ce n'est que depuis la mort de son frère que le prince a changé sa signature en celle de *Napoléon-Louis,* d'après le désir de son père et la décision de l'Empereur, qui avait arrêté que l'aîné de la famille s'appellerait toujours Napoléon.

Destiné à régner, le jeune prince fut élevé d'une manière toute lacédémonienne. Il était avec son frère tendrement aimé de Joséphine et de l'Empereur, chez qui la naissance du roi de Rome n'affaiblit point son affection pour ses jeunes neveux qu'il revit avec tant de bonheur à son retour de l'île d'Elbe, alors que la diplomatie étrangère le privait de son fils unique.

A l'âge de sept ans, le prince *Napoléon-Louis* fut obligé de quitter sa patrie, englobé dans l'arrêt d'exil prononcé contre sa famille par les confédérés du Nord. Comme le roi de Rome, il ne voulait point de l'exil, et la reine Hortense eut toute peine à le consoler de son départ pour la terre étrangère. Lorsque l'Empereur, avant de partir pour Rochefort, vint faire ses adieux à la Malmaison, le jeune prince se cramponnait dans les bras de son oncle dont il refusait de se séparer et criait en pleurant qu'il voulait aller tirer le canon. Cette scène fit une si profonde impression sur son jeune cœur, qu'elle est restée ineffaçable dans ses souvenirs.

Augsbourg fut la première résidence d'exil de la reine Hortense qui continua toujours à l'égard de ses fils le système d'éducation grave et sévère qu'elle avait adopté en France. La direction de leurs études classiques fut confiée à M. Lebas, professeur à l'Athénée de Paris et maitre de conférences à l'école normale.

La reine Hortense ayant été fixer sa résidence au château d'Arenenberg, dans le canton suisse de Thurgovie, le jeune prince profita du voisinage de Constance pour se livrer avec un zèle infatigable aux exercices militaires avec le régiment Badois qui était en garnison dans cette ville. Plus tard, il fut admis à faire partie du camp de Thoun, dans le canton de Berne, sous la direction de M. Dufour, ancien colonel du génie de la grande armée, et il prit part à toutes les manœuvres, le sac sur le dos, mangeant son pain de soldat, la brouette ou le compas à la main.

Il était au camp de Thoun lorsqu'il apprit la révolution de juillet. Ses camarades s'empressèrent de célébrer avec lui ce glorieux événement qu'ils regardaient comme le terme certain de son exil. Napoléon-Louis, confiant dans les sentiments du peuple français pour le grand homme, voyait avec bonheur s'ouvrir devant lui les rangs de l'armée française ; il n'en fut rien.

Trompé dans ses espérances de retour sur le sol natal, il tourna ses regards du côté de l'Italie qui s'était ressentie par contre-coup de l'émancipation de juillet. Il passait l'hiver de 1830 à Rome avec sa mère, lorsque, persécuté par la police du gouvernement papal, effrayé de la sympathie des Italiens pour le sang de Napoléon, il fut obligé d'aller se réfugier à Florence où son frère se livrait à des travaux philosophiques.

Les habitants de la Romagne s'étant insurgés pour secouer le joug autrichien, les deux neveux de l'Empereur répondirent à l'appel des indépendants dont le but était l'unité nationale. Le prince Napoléon, suivi d'un seul canon et de quelques braves qu'il avait armés à la hâte, courut s'emparer de Civita-Castellane. Tant d'intrépidité effraya le ministre de la guerre improvisé qui lui donna l'ordre de suspendre ses attaques. Il revint à Bologne pour presser les préparatifs de la défense. Il y eut une affaire assez sérieuse où les deux princes payèrent bravement de leur personne, en exécutant une charge brillante à la tête de quelques cavaliers. Pressés de tous côtés par l'arrivée des troupes autrichiennes, les indépendants se replièrent sur Forli où l'aîné des princes mourut au bout de quelques heures d'une maladie violente et subite. La retraite s'opéra sur Ancône. Abandonnés de la politique française, les indépendants ne songèrent plus qu'à fréter des navires pour soustraire les plus compromis des insurgés aux fureurs de Vienne et de Rome. La reine Hortense courut à Ancône pour sauver la tête de son dernier fils qui venait d'y tomber malade d'épuisement à la suite des chagrins que lui avait fait éprouver la mort de son frère. Sur ces entrefaites, les Autrichiens s'emparèrent de la ville. Dans cette extrémité, la courageuse Hortense fit courir le bruit que son fils s'était réfugié en Grèce, et, à la faveur d'un déguisement, quitta l'Italie pour se rendre directement à Paris, où elle arriva d'une traite le 20 mars, après avoir annoncé elle-même son arrivée par une lettre à Louis-Philippe. Elle s'établit rue de la Paix à deux pas de la colonne d'Austerlitz. La santé du prince était gravement altérée ; il était dans les accès d'une fièvre ardente, lorsque les deux fugitifs reçurent du ministère alarmé la sommation impérieuse de quitter Paris sur-le-champ. Toutefois avant de s'éloigner Napoléon-Louis écrivit au Gouvernement une lettre pleine de noblesse et de dignité, par laquelle il sollicitait l'honneur de servir dans l'armée française. Sa lettre ne reçut aucune réponse. Elle faisait trop bien connaître l'énergique valeur du jeune proscrit, qui réclamait noblement son titre de citoyen français dont la restauration l'avait dépouillé par la loi réactionnaire du 12 janvier 1816. A son arrivée en Angleterre, le prince fut environné des hommages et des sympathies de la haute aristocratie anglaise, qui s'empressa de lui prodiguer les honneurs de l'hospitalité ; mais il n'accepta aucune invitation par respect pour la mémoire de l'Empereur et consacra son temps à visiter les établissements industriels et scientifiques de la Grande-Bretagne.

De retour en Suisse, en août 1831, une députation secrète de Polonais vint bientôt lui offrir de se mettre à la tête de la nation en armes. Le prince, craignant que l'ombrage de son nom ne décidât l'abandon de la Pologne par le gouvernement français qui feignait hypocritement de vouloir la soutenir, refusa par délicatesse la mission qui lui était offerte. C'était un cruel sacrifice de prudence en faveur de la révolution polonaise. Hélas ! il était loin de se douter que la malheureuse Pologne serait abandonnée à la fureur de l'autocrate russe et qu'il regretterait amèrement de n'avoir pas versé son sang pour la défendre. Sa conduite envers les débris polonais, prouva combien son cœur était sensible à l'égard des infortunes patriotiques ; sa bourse était ouverte à tous ceux qui passaient par Constance. Il envoya au comité polonais de

Berne un nécessaire en vermeil, ayant appartenu à l'Empereur, et dont il se fit une loterie qui produisit 20,000 fr. Les membres du comité lui en exprimèrent leur reconnaissance par une lettre qui témoigne de leur profond attachement à l'illustre descendant du grand homme. A la même époque, une commission ayant été instituée à Paris sous la présidence de M. de Lafayette pour la mise en loterie de plusieurs objets d'art, au profit des détenus politiques et des journaux patriotes, le comte de Survilliers (Joseph-Napoléon) envoya de Londres une croix d'honneur de l'empereur Napoléon, et le prince Napoléon Louis offrit un magnifique sabre damassé sur la lame duquel étaient gravés les emblèmes du consulat et de l'empirec

Napoléon-Louis ne tarda pas à se faire un nom dans la littérature. Dès le mois de mai 1832, il avait publié ses *Rêveries politiques*. Plus tard, il fit paraître, sous le titre *Considérations politiques et militaires sur la Suisse,* une brochure qui fit ressortir d'une manière remarquable le talent précoce du jeune publiciste. A cette occasion, le gouvernement helvétique lui décerna à l'unanimité le titre *honorifique* de citoyen de la république Suisse, qualité qui n'entraîne pas la naturalisation, et dans le mois de juin 1834, il reçut le brevet de capitaine d'artillerie au régiment de Berne.

Lorsque, après le triomphe de la cause constitutionnelle en Portugal, il fut question de donner un époux à la jeune reine Dona Maria, les Portugais jetèrent les yeux sur le prince Napoléon-Louis; mais il répondit aux négociations entamées à ce sujet par un refus plein de patriotisme et de désintéressement, disant « qu'il n'accepterait jamais aucune élévation qui séparerait son sort et ses intérêts de ceux de la France. »

Vers la fin de 1835, il publia, sous le titre *Manuel d'artillerie pour la Suisse,* un ouvrage dont le *Spectateur militaire* et les journaux indépendants de diverses nations ont parlé comme du meilleur traité qui ait été fait sur l'artillerie.

Pendant son séjour à Bade, le prince reçut la visite d'un grand nombre d'officiers des garnisons d'Alsace et de Lorraine, entre autres celle du colonel Vaudrey, à qui il fit, le 29 juin, l'ouverture de ses projets sur la ville de Strasbourg. De Bade il retourna en Suisse, après avoir chargé des amis dévoués de terminer quelques préparatifs de détails pour cette tentative.

Le 25 octobre 1836, Napoléon-Louis partit seul du château d'Arenenberg, sous le prétexte d'aller chasser dans la principauté d'Echingen. Il se rendit d'abord dans le grand-duché de Bade, d'où il partit le 28 au matin, et arriva à dix heures du soir à Strasbourg. Le plan du prince consistait à se rendre maître de cette place en ralliant autour de lui, par le prestige de son nom, le peuple et la garnison, et à marcher aussitôt sur Paris par les Vosges, la Lorraine et la Champagne, entraînant sur sa route les troupes, les gardes nationales et la population. Le 29 au soir, le prince eut une entrevue de deux heures avec le colonel Vaudrey, qui promit de le seconder dans son entreprise, et le mouvement fut arrêté pour le lendemain 30 octobre.

Dès cinq heures du matin, le colonel Vaudrey se rendit au quartier d'Austerlitz, comme il avait été convenu la veille. En ce moment, le prince pensa à sa mère, qui le croyait dans la principauté d'Héchingen. Il écrivit deux lettres : l'une où il lui annonçait la réussite de son entreprise, et l'autre où il lui disait qu'il avait été vaincu et qu'il mourait pour une belle cause, la cause du peuple français. Tout-à-coup les sons de la trompette se firent entendre : le colonel Vaudrey faisait sonner l'assemblée au quartier d'Austerlitz.

Prévenu que le régiment était sous les armes, le prince s'avança vers le quartier, revêtu de son uniforme d'artillerie, et arriva bientôt devant le front de la troupe. Le colonel Vaudrey, mettant alors le sabre à la main, s'écria d'une voix mâle et fière : « Soldats du 4e régiment d'artillerie ! une grande « révolution va commencer ; le prince Napoléon-Louis Bona- « parte, ici présent, vient se mettre à votre tête pour conquérir « les droits du peuple et rendre à la France sa gloire et sa li- « berté. Criez *vive l'Empereur !* » Et il poussa lui-même ce cri, qui fut répété par les soldats avec un enthousiasme vraiment inespéré. Le prince, ému de l'unanimité des acclamations, se jeta dans les bras du colonel Vaudrey et fit signe qu'il voulait parler. Le silence se rétablit, et l'allocution du prince, prononcée d'une voix fortement accentuée, fut saluée des mêmes acclamations.

On se mit en marche pour la Lieutenance générale, musique en tête, aux cris de vive la liberté ! vive Napoléon ! poussés par les soldats et répétés par quelques-uns des habitants accourus sur le passage du régiment. Arrivé devant l'hôtel de la division, Napoléon-Louis fit faire halte à sa troupe et monta chez le général Voirol avec le commandant Parquin et le colonel Vaudrey. Le général refusa de suivre le prince, qui le fit garder à vue dans son hôtel par un détachement d'artillerie sous les ordres du commandant Parquin, et l'on se remit en marche pour la caserne Finkmatt, où était le 46e de ligne. Quelques soldats de ce régiment se joignirent d'abord aux insurgés en répétant avec eux les cris de vive Napoléon ! vive l'Empereur ! Mais cet enthousiasme ne fut pas de longue durée. D'étranges bruits sur l'identité du prince ont circulé dans les rangs et changent complètement les dispositions du 46e. Les soldats, qui se croient dupes d'une indigne supercherie, se rallient à la voix de leurs officiers et opposent une vive résistance. Désirant avant tout éviter l'effusion du sang français, Napoléon-Louis se décida à la retraite. Il était déjà près de la grille, lorsque le 4e d'artillerie, qui était massé au faubourg de Pierre, informé des dangers que courent le prince et le colonel, se précipite vers la grille du quartier et refoule le 46e aux deux extrémités de la cour. Le prince se trouve entraîné par la foule et jeté au milieu des soldats qui méconnaissaient son identité. Bientôt il est arrêté ainsi que le colonel Vaudrey, et tous deux sont conduits dans la prison de la caserne, malgré les efforts désespérés des artilleurs qui ne peuvent plus rien pour leur défense, car ils n'ont à opposer à une triple rangée de baïonnettes que leurs sabres et de petits mousquetons.

Les grilles du quartier sont fermées et défendues par des soldats. Tout le 4e d'artillerie se trouve prisonnier dans cet impasse. Le peuple, sans armes, lance des pierres du haut des remparts contre l'infanterie, qui parvient à dissiper la foule en tirant des coups de fusil.

La cour du quartier Finkmatt présentait un spectacle affligeant. Deux régiments français étaient prêts à s'égorger. Les artilleurs refusaient de se retirer sans le prince et le colonel. Une seule goutte de sang versé amenait un effroyable massacre. Il fallut aller chercher le colonel Vaudrey dans sa prison, sa voix seule fut écoutée : « Retirez-vous, mes amis, leur dit-il, obéissez à votre colonel pour la dernière fois. » Aussitôt la grille s'ouvrit et les artilleurs rentrèrent au quartier d'Austerlitz.

Les prisonniers furent conduits au greffe et écroués dans la maison d'arrêt. Le neveu de l'Empereur se montra calme et résigné : « Colonel Vaudrey, dit-il à cet officier en lui tendant la main, me pardonnerez-vous de vous avoir entraîné dans une entreprise si malheureuse ? » Le colonel ne répondit qu'en saisissant la main du prince qu'il serra avec effusion.

Pendant les dix jours que Napoléon-Louis passa dans la Prison-Neuve, le geôlier et le directeur de la prison, tout en faisant leur devoir, tâchaient d'adoucir autant que possible la situation du prince, tandis qu'un certain M. Lebel, envoyé de Paris, poussait le zèle de son métier jusqu'à l'empêcher d'ouvrir ses fenêtres pour respirer l'air, lui retira sa montre et avait même commandé des abat-jour pour intercepter la lumière.

Enfin, le 9 novembre au soir, à sept heures moins quelques minutes, M. le lieutenant-général Voirol, d'après les ordres qu'il avait reçus du ministre de la guerre, et M. le préfet Choppin-d'Arnouville, d'après de pareils ordres du ministre de l'intérieur, se transportèrent à la maison d'arrêt, où ils requirent le sieur Lebel, au nom du gouvernement, de remettre entre leurs mains la personne de Louis Bonaparte, et signèrent la décharge de l'écrou.

Rentrés à l'hôtel de la préfecture, ils remirent le prince entre les mains de M. Cognat, chef d'escadron de la gendarmerie du département de la Seine, qui donna décharge du prisonnier et le fit placer dans une des voitures, attelée de chevaux de poste. Le départ eut lieu à sept heures précises. Le prisonnier fut conduit à Paris, à la préfecture de police, où il descendit dans la nuit du 11 au 12 pour en repartir deux heures après son arrivée. C'est là seulement qu'il apprit que l'intention du gouvernement était de le faire embarquer pour les États-Unis d'Amérique.

La reine Hortense, à la première nouvelle de l'arrestation de son fils, avait quitté Arenenberg, accompagnée de madame de Salvage, et était accourue en France intercéder pour lui. Elle s'arrêta le 5 novembre au château de Viry, chez madame la duchesse de Raguse, où elle était encore la nuit même du passage du prince à Paris. La mère et le fils ne se trouvaient ainsi, sans le savoir, qu'à cinq lieues l'un de l'autre au moment d'être séparés par l'Océan.

Le conseil des ministres délibéra sur cette grave question, et madame de Salvage fut bientôt à même de faire savoir au château de Viry que Napoléon-Louis serait extrait de la prison de Strasbourg pour être conduit en Amérique, selon le désir de la reine Hortense, à qui le ministre voulut, mais inutilement, imposer la condition qu'elle s'exilerait avec son fils. Vint ensuite la question des passeports, car celui de madame de Salvage avait été retenu et la reine n'en avait pas. Ces passeports furent d'abord refusés; mais madame de Salvage finit par vaincre la résistance du ministre et rejoignit la reine Hortense à Viry, d'où elles partirent le lendemain pour Arenenberg pendant que le prince était déjà sur la route de Lorient.

De Paris, Napoléon-Louis avait écrit à sa mère, sous les yeux du préfet de police, M. Gabriel Delessert, et de la préfecture où il était détenu, une lettre qui ne parvint que le 18 à madame la duchesse de Saint-Leu. Cette lettre qui respirait les plus tendres sentiments de piété filiale, recommandait vivement à la reine Hortense les deux fils du colonel Vaudrey et les prisonniers de Strasbourg dont le prince regrettait amèrement de ne pouvoir partager le sort. Dans la même lettre il engageait sa mère à ne point venir partager son exil et l'informait qu'il écrivait au roi pour le prier de jeter un regard de bonté sur les hommes qu'il avait entraînés à leur perte.

Reparti de Paris la nuit même où il y était arrivé, le prince arriva à Lorient dans la nuit du 14 au 15 novembre, à deux heures du matin. Il fut enfermé dans la citadelle dont on fit sur-le-champ lever les ponts-levis, en interdisant toute communication avec le dehors. Le 19, il fut conduit à la citadelle de Port-Louis, d'où il adressa, toujours sous le cachet du gouvernement, une seconde lettre datée du 17 à la reine Hortense, sa mère, à qui il annonçait qu'il allait être dirigé sur New-York ; que de là il espérait visiter les différents États de l'Union, et que, d'après la connaissance qu'il aurait acquise du pays, il choisirait le lieu où il pourrait fixer son habitation et se ferait cultivateur. Le 21, dans l'après-midi, le prince fut embarqué à Port-Louis sur la frégate *l'Andromède*, et il fit voile pour cette terre qui, vingt ans auparavant, avait dû aussi être le lieu de refuge de l'Empereur, à qui les Anglais en avait barré le passage pour l'attendre à *l'hospitalité* du BELLÉROPHON !

Napoléon-Louis devait être conduit directement à New-York ; mais le capitaine de *l'Andromède*, qui avait l'ordre de n'ouvrir les dépêches du gouvernement que lorsqu'il serait à une certaine distance en mer, reconnut en les ouvrant qu'elles lui prescrivaient de conduire le captif dans les eaux du Brésil. *L'Andromède* mouilla le 10 janvier 1837 dans la rade de Rio-Janeiro, où le prince stationna quinze jours sans qu'il lui fût permis de prendre terre. Du Brésil, le neveu de l'Empereur fut dirigé sur New-York, où il trouva M. le comte Harezi qui y était arrivé depuis deux mois, persuadé que le prince y avait été conduit directement.

Napoléon-Louis était sur le point d'entreprendre un voyage dans l'intérieur des États-Unis et se proposait de visiter la chute du Niagara, lorsqu'il reçut de madame de Salvage une lettre qui lui annonçait que la reine Hortense était dangereusement malade et qu'elle demandait son fils auprès d'elle. Le prince se jeta sur le premier navire qui fit voile pour le continent. Arrivé à Londres, où il apprit l'état désespéré de sa mère, il demanda des passeports qui lui furent refusés. Il fut obligé de prendre des passeports anglais et se mit en route pour Arenenberg où il arriva le 3 août 1837 à onze heures du soir. Pendant les deux mois qui suivirent, il prodigua ses soins à la reine Hortense, qui rendit le dernier soupir dans les bras de son fils, le 5 octobre au matin.

Vers le 15 juin 1838 parut la fameuse brochure Laity, intitulée: *Relation historique des événements du 30 octobre 1836, à Strasbourg*. Cette brochure, à laquelle on présuma que Napoléon-Louis n'était pas étranger, fut considérée par nos hommes d'État comme un livre destiné à pervertir l'opinion publique. M. Laity qui l'avait signée fut traduit, comme on sait, devant la Cour des pairs qui, le 10 juillet, rendit contre l'ex-officier d'artillerie un arrêt de condamnation à cinq années de détention et dix mille francs d'amende. Le gouvernement ne s'en tint pas là. Le 1er août suivant, M. le duc de Montebello fut chargé de signifier aux autorités fédérales de la république suisse qu'elles eussent à expulser sur-le-champ le prince Louis-Bonaparte du territoire helvétique, avec menace d'obtenir son extradition par force si l'on ne pouvait l'obtenir de gré. L'affaire était grave et se compliquait d'une difficulté très-grande : la Suisse avait accordé au prince les droits de citoyen, et la loi thurgovienne ne permettait pas d'expulser un citoyen de Thurgovie. Cependant l'injonction du gouvernement français était sévère et pressante, un refus de la part de la Suisse amenait infailliblement la guerre entre deux puissances étroitement unies par de vieilles relations d'amitié. Napoléon-Louis, malgré les affections qui l'attachaient depuis son enfance au sol de l'Helvétie, ne pouvait souffrir que sa présence y devînt l'occasion d'une rupture entre sa seconde et sa mère-patrie, il prit le généreux parti de se retirer. Le 20 septembre il écrivit au gouvernement de Thurgovie, en le priant d'annoncer au directoire fédéral qu'il était prêt à partir aussitôt qu'on lui aurait délivré un passeport pour se rendre dans un lieu de sûreté. Ce passeport lui fut remis, visé par l'ambassadeur anglais à Berne, et le 14 octobre, le prince, après avoir déclaré dans une lettre au député de Thurgovie à la diète que *sa qualité de Français était indestructible,* partit d'Arenenberg, prenant la route de Constance, pour se diriger de là sur Francfort, Dusseldorf et Rotterdam, où il s'embarqua pour l'Angleterre.

Le mercredi soir, 24 octobre, le prince arriva à Londres et se logea à l'hôtel Fenton, près Saint-James, se proposant de passer sa vie dans une modeste obscurité, afin qu'à l'avenir sa conduite ne fût pas exposée à de fausses interprétations.

En effet, le séjour de Napoléon-Louis en Angleterre n'avait été marqué par aucun événement jusqu'au jour de son débarquement à Boulogne.

Nous n'entrerons point dans les détails de cette nouvelle tentative. La publicité qu'ils ont reçue par les débats devant la Chambre des Pairs, nous en dispense. Nous nous bornerons donc, comme complément indispensable de cette Notice historique, à rapporter le jugement qui condamne le prince Louis-Napoléon à une détention perpétuelle au fort du Ham.

ARRÊT DE LA COUR DES PAIRS.

« La Cour,

« Vu l'arrêt du 16 septembre dernier, ensemble l'acte
« d'accusation dressé contre le prince Louis-Napoléon Bonaparte ;

« Ouï les témoins en leurs dépositions ;

« Ouï le procureur-général du roi en ses dires et réquisitions ;

« Après avoir entendu le prince et Me Berryer, son défenseur ;

« Et après en avoir délibéré ;

« Condamne le prince Louis-Napoléon Bonaparte à l'emprisonnement perpétuel dans une forteresse située sur le territoire continental du royaume (1).

(1) La peine de l'emprisonnement perpétuel dans une forteresse n'existe pas parmi les diverses classifications pénales du Code. L'article 20 du Code pénal dit que le condamné à la *détention* (de cinq à vingt ans) sera renfermé *dans l'une des forteresses situées sur le territoire continental du royaume*. Et la *détention* est rangée au nombre des peines afflictives et *infamantes* (art. 8). Quant à la peine de l'*emprisonnement* (de six jours à cinq ans), elle devra être subie dans une maison de *correction*: l'emprisonnement est une peine purement *correctionnelle* (articles 9 et 10.

La Cour des Pairs qui, comme on le sait, a puisé dans quelques précédents le droit de modifier les peines portées par la loi, a, dans la circonstance actuelle, créé une peine nouvelle : c'est la *détention perpétuelle* sous le nom d'*emprisonnement*. La pensée de la Cour des Pairs a été d'ôter à la peine le caractère infamant qu'y attache la loi, et de la rendre purement correctionnelle.

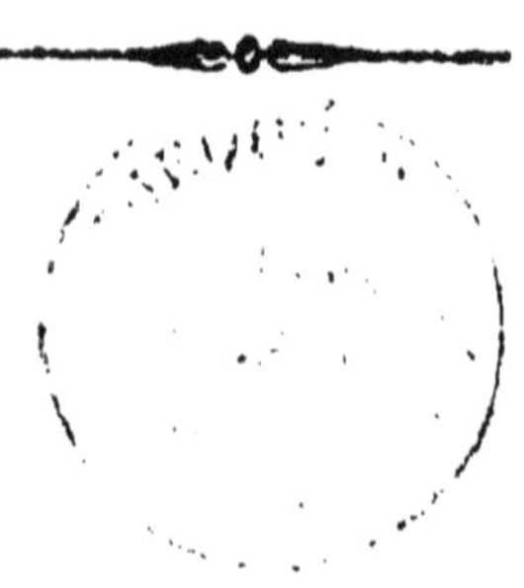

TABLE DES MATIÈRES

CONTENUES

DANS CET OPUSCULE.